火を吹く朝鮮半島

橋爪大三郎

SB新書
666

Fire And Fury In Korean Peninsula
by
Daisaburo Hashizume
SB Creative Corp. Tokyo Japan 2024:09

まえがき

東アジアはややこしい場所だ。

ロシアはかねて南下を試みていた。イギリスは阿片《あへん》戦争で、中国に拠点を築いた。そのほか列強も、遅れるものかと進出してきた。そんななかアメリカはこんな政策を掲げた。「門戸開放」。誰かが東アジアを独り占めにして、ほかの国々（とくにアメリカ）を追い出すのは許さないぞ。アメリカの一貫した政策だ。

*

アメリカから東アジアをみてみよう。

アメリカは西部を開拓し、太平洋で行き止まりになった。太平洋は大きい。その反対側が東アジアだ。どこかの列強が、この場所に軍事拠点をつくってもらっては困る。アメリカの安全保障に関わる。東アジアは分裂して、モメているぐらいがちょうどよい。

そこでアメリカは、絶妙のタイミングで日本に使節を送った。黒船だ。そして、植民地主義に反対し独立をはかるナショナリズムの運動（明治維新）を支持した。修好通商条約を結び、日本は主権国家だから列強は手を出すな、と警告した。頼まれてもいないのに外交顧問を買って出て、日本政府にいろいろ入れ知恵した。

日露戦争は、イギリスに言われて日本がロシアと戦った代理戦争である。ちょっと勝ちすぎだ、とアメリカは思った。そこで仲裁するふりをして、日本の勝ちすぎに釘を刺した。軍隊が強くなった日本は調子に乗って、満洲を手に入れ、中国も手に入れようとした。日本と中国がまとまることを、アメリカは許せない。でもそれが日本政府にはわからない。結局戦争になって、日本はボロ負けした。

*

負けた日本をどうするか。アメリカの政策は一貫している。日本には独立国でいてもらおう。資本主義で民主主義になりなさい。ソ連の影響がこの地域に及ばない防波堤にする。その後、中国も脅威になった。日本、韓国、台湾は中国がこの地域を呑み込まないための防衛線だ。東アジアがまとまっては困る、の政策はずっと一貫している。

日本は、アメリカの意図をうっすら察しながら、ほんとうにはわかろうとしない。自分の希望的観測にもとづいてうろうろしている。その点では、戦前と変わりがない。

＊

アメリカの東アジアに対する態度は、ヨーロッパに対する態度とも通じる。ヨーロッパはばらばらな国々に分かれている。どれかの国がヨーロッパをまとめてしまうのは困る。大西洋を挟んではいるが、アメリカの安全保障にとっては重要だ。ヒトラーのナチス・ドイツがヨーロッパを統合しそうになった。イギリスが踏ん張った。アメリカはイギリスを応援した。ソ連がヨーロッパに牙《きば》を向いた。アメリカはNATOをつくって対抗した。ヨーロッパでも、アメリカの政策は一貫している。

＊

それはいいのだが、アメリカは少し知恵が足りない。先が読めない。ヒトラーのナチス・ドイツをやっつけるのに、ソ連と手を組んだ。ヒトラーが退治されると、たちまちソ連と敵味方になった。ソ連と対抗しているからと、毛沢東《もうたくとう》と手を結んだ。中国がいつ民主主義になるかと支援しているうちに、東アジアで突出した脅威になった。アメリカはその場の思いつきで動き、現地の事情に疎《うと》く、あとあとのことまで考えない傾向がある。注意しなければならない。

＊

さて、朝鮮半島である。

金正恩《キムジョンウン》の北朝鮮が、核保有国となった。東アジアのパワーバランスががらりと変化した。アメリカや日本や、関係する国々は、いちから態勢を組み直さなければならない。

日本はもともと、北朝鮮に対する関心がなさすぎる。それではいけない。そこで私は、北朝鮮を訪れ、『こんなに困った北朝鮮』という本を書いた。二〇〇〇年のことだ。北朝鮮についての基本的なことがらは、ここにまとめて書いてある。

北朝鮮はその後も、ミサイルの発射を繰り返し、核実験もして、アメリカを攻撃できる戦力を手に入れた。クレージーな国だという印象は広まった。けれども日本人は、東アジアがいまどういう危険な状態になっているのか、ピンと来ていない。いまこの瞬間に戦争が起こっても不思議でないのだ。

人びとが大事なことがらをよく認識し、世論を形成して、政府を動かしていく。これが民主主義である。ちっともそうなっていない。これはとても危険だ。

＊

そう思って、居ても立ってもいられなくなった私は、この『火を吹く朝鮮半島』を書くことにした。

私は北朝鮮の専門家でない。軍事のプロでもない。ただの社会学者だ。でも自分の知りうる限りの材料を寄せ集めて、東アジアのいまそこにある危機の姿を描き出してみた。データとロジックを組み合わせて。

ここに描かれた危機の姿は、アメリカの認識と一致していると思う。北朝鮮や中国や、関係国の指導者の認識とも一致していると思う。日本の指導的な人びとの認識とも一致していればよいと思う。

ここに描かれているのは、未来の予測だ。未来のことがらは、まだ起こっていない。だから、証拠にもとづいて議論しにくい。では無意味なのか。そんなことはない。未来に責任をもつ人びと（政治家やジャーナリストやビジネスパーソンや……）は、こうやって未来について考え、最悪の事態を避けようとする。ふつうの人びとも、同じように考えたほうがよい。よりよい未来をつくり出すには、多くの人びとが力を合せる必要があるからだ。

本書が、日本と世界の人びとのよりよい未来に役立つことを切に願う。

火を吹く朝鮮半島　目次

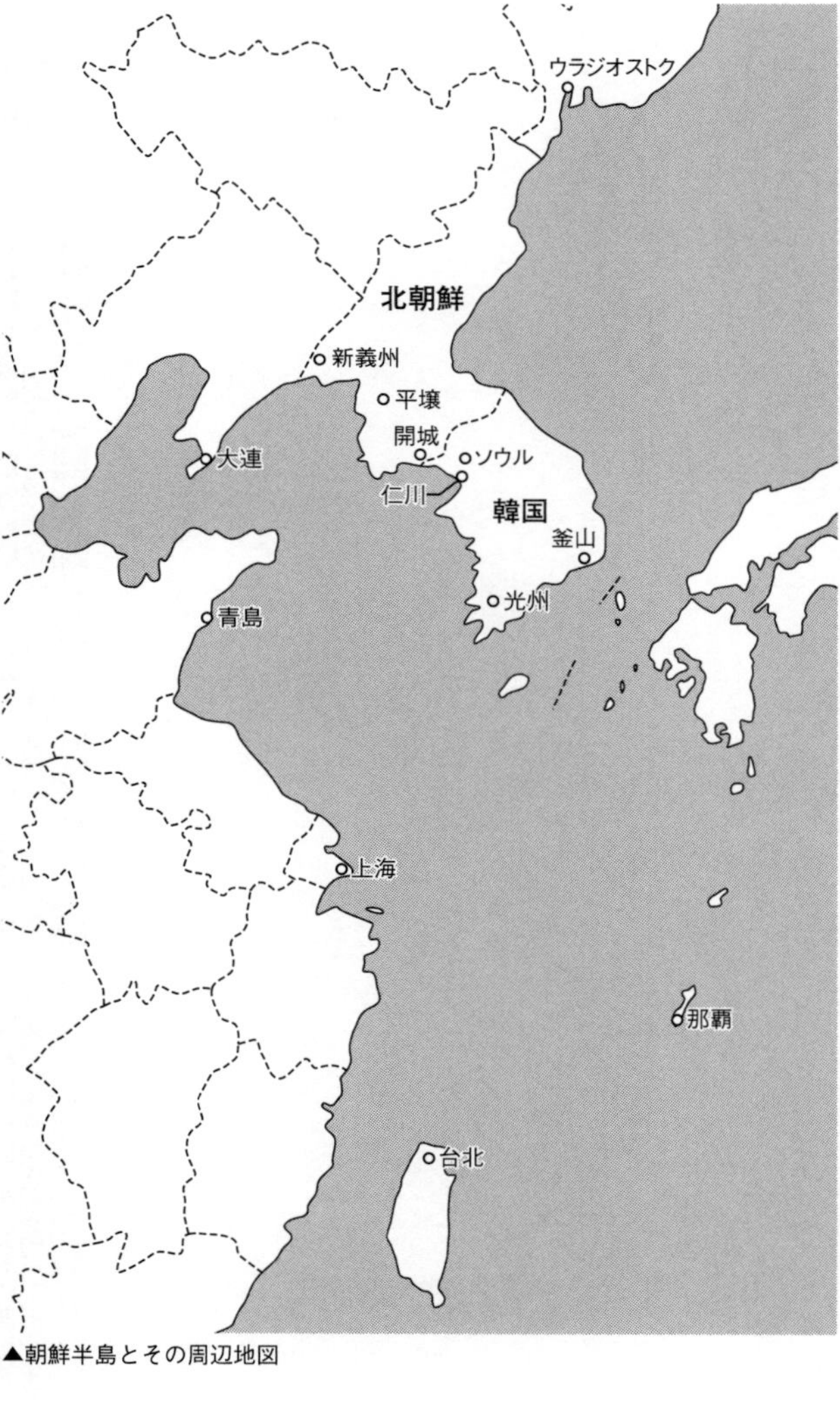

▲朝鮮半島とその周辺地図

第1章　北朝鮮の正体

近くて遠い国、北朝鮮。

正式な国名を「朝鮮民主主義人民共和国」という。

金正恩《キムジョンウン》がこの国の独裁者だ。原爆やミサイルを開発し、国際社会を挑発し続けている。

謎に包まれたこの国の正体を、まず見極めよう。

1　権威主義的独裁国家

「歴史の終わり」は間違いだった

一九九〇年前後の数年間で、ソ連は見る間に解体して行った。冷戦の終わりだ。

世界は、楽観的な見通しに包まれた。

核戦争の恐怖は遠のいた。これからは、市場経済が世界に拡がるだろう。自由や人権や民主主義が、世界共通の価値になるだろう。さあ、平和の配当を受け取って、繁栄を謳歌しよう。

フランシス・フクヤマは『歴史の終わり』という本を書いて、人類の争いはもう過去のものになったとのべた。

ソ連はいくつもの共和国に分裂した。ロシアは市場経済を採り入れ、西側の価値観を受け入れているようにみえた。中国は改革開放*を続け、資本主義への道を歩んでいた。韓国も台湾も、独裁政権から民主主義の政権に脱皮した。西側世界のひとり勝ちだ。

＊

でも、実際にはどうだったか。

ロシアも中国も、予想とは違った道をたどった。新しいかたちの権威主義的国家の登場だ。北朝鮮は、核を開発して、ますます危険な権威主義的国家の道を歩んでいる。イランも過激なイスラム主義の権威主義的国家だ。

「歴史の終わり」は間違いだった。

なぜ権威主義的国家が、つぎつぎ出現することになったのか。その理由をつきとめなければならない。

開発独裁の理論

冷戦が終わった当時、なぜ世界は楽観したのか。

＊改革開放……一九七八年から鄧小平の主導で実施された経済政策。経済特区の設置、市場経済の導入などが行なわれた。

マルクス主義との長い戦いが終わった。共産主義は崩壊した。自由と人権と民主主義の価値観は正しかった。正しかったから、勝利したのだ。今後も勝利を収め続けるはずだ。このように勝ち誇り、自信を深めたのがひとつ。

もうひとつは、発展途上国の独裁政権はやがて民主化する、という理論があったから。この理論によれば、ロシアも中国も、たとえ一時的に権威主義的なところがあっても、そのうち必ず自由や民主主義を採り入れ、西側世界に近づいていくはずなのだった。

発展途上国にしばしば登場する独裁政権を、開発独裁（developmental dictatorship）という。どういうメカニズムで、そうした独裁政権が誕生するのか。

＊

途上国が近代化するには、思い切った資源の動員が必要だ。

途上国には、大した資源がない。農業は零細で伝統的なやり方だ。教育が行き届いていない。道路や港湾などの社会インフラも整っていない。商業も貧弱だ。そもそもこれといった産業がない。

そんな現状で国づくりをするには、ありったけの資源をかき集め、近代化のために思い切った集中投資をする必要がある。だから税金を高くする。社会に無理が生ずる。人びとの合意をとっている暇がない。そこで誰かが独裁的な権力を握って、必要な政策を推し進める。しばらく我慢が必要だ。経済が回り始め、国民所得が増え、中産階級が出現し、人びとの生活が安定すれば、独裁の役割は終わる。権力を握っていた独裁者は退場し、民主的な政治体制がそれに代わる。**独裁的な政権は、開発の初期段階を乗り切るための一時的な現象。これが「開発独裁」の理論である。**

人びとは中国の権威主義的な政権を、開発独裁のようなものと考えた。開発独裁なら、それは一時的である。一時的であるなら、気にしなくてもよい。そのうち民主化が起こって、西側と似通った体制に移行するに決まっているのだ。

関与政策は間違い

中国が改革開放を始めると、西側諸国はこれを歓迎した。中国は、共産主義革命を諦めて、市場経済の仲間入りをした。いまはまだちょっと、権威主義的で独裁的だけれども、これは開発独裁のようなものである。もうしばらくすれば、民主化するだろう。

根拠のない楽観だった。

＊

開発独裁はなぜ、民主化すると考えられたのか。

開発独裁は、経済を発展させる。教育も普及し、人びとの所得もあがる。中産階級となって自信をつけた人びとは、相応の発言権や政治参加を求める。彼らが発言権を増すと、議会開設の機運が整い、民主化が進むはずだ。

そんなに根拠もないのに、人びとはこう考えた。一人当たりGDPが何千ドルに達すると、民主化が起こる。そう、まことしやかに予測する学者もいた。それなら、現政権に協力して、資本や技術を供与《きょうよ》し、経済交流を続けていくのがよい。そうして「関与」を続けていくと、相手が変化するはずだ。——これを「関与政策」(engagement)という。

＊

だが、関与を続けても、中国は一向に変化しなかった。むしろ、権威主義的な傾向を強めた。習近平《しゅうきんぺい》政権になって、それがいよいよ顕著になった。

アメリカはあわてた。アメリカと覇権を争う競争相手に、せっせと援助をしていたようなものだからだ。中国はそもそも権威主義的な政権である。一時的に独裁なのではない。アメリカは中国の本質を見誤っていた、と言っていい。アメリカの社会科学者や国際関係の専門家の目は、節穴だったと言われても仕方がない。

ロシアを見誤る

ロシアのことも、同じように見誤った。

ソ連が解体し、いくつもの共和国に分かれたあと、ロシアは経済の混乱のなかで苦しんだ。西側諸国は、長年の重しがとれて安堵した。そのうち、プーチン政権が誕生し、石油や天然ガスを西側に供給して、経済が立ち直り始めた。ここでどうロシアと付き合うか、考えどころだった。

歴史的に何度も苦渋をなめてきたポーランドやバルト三国は、ロシアに対して警戒的だった。けれども、ロシアの脅威を直《じか》に感じないですんでいるドイツは、奇妙な方針をとった。脱原発を掲げ、原子力発電をやめてしまった。エネルギー自立が危うくなる。再生可能エネルギーはその代わりにならない。そこで石油や天然ガスを、ロシアからじゃんじゃん輸入することにした。経済的な結びつきを深めれば、ロシアもおとなしくなるだろう、というナゾ理論である。その結果、ドイツは危険なまでにロシアに依存を深めてしまった。

ロシアがクリミア半島に侵攻し、ウクライナの領土を奪い取った。それでもドイツは、目が覚めなかった。ロシアから石油や天然ガスを輸入し続けた。

ロシアがウクライナに侵攻して、ウクライナ戦争が始まった。ドイツはあわてて、エネルギー資源の輸入先をロシアから分散させている。ぶざまなありさまである。ドイツは、ロシアの研究が足りない。プーチン政権の本質をまったく見誤っていたと言うほかはない。

六カ国協議のお粗末

北朝鮮についても、お花畑の勘違いがあったのではないか。

＊

冷戦が終わり、ソ連が解体すると、北朝鮮は苦境に陥った。ソ連から供給されていた石油などが、入って来なくなった。中国が肩代わりしてくれるわけでもない。

ソ連の後ろ楯を失った北朝鮮の、安全保障の危機である。

九〇年代、北朝鮮は核開発に本気になった。ウラニウムの濃縮など、原爆の製造に向かって歩み始めた。

北朝鮮が核兵器を手にするのは困る。朝鮮半島の軍事バランスが根底から覆る。アメリカは北朝鮮に圧力をかけた。それがこじれ、一九九四年には開戦の一歩手前まで進んだ。アメリカは、五分五分で戦争になると覚悟していたという。そうなれば、北朝鮮はひとたまりもない。

でもアメリカは、躊躇していた。三八度線の北側に並んだ大砲が、ソウルに届いてしまう。ソウルは三八度線から、五〇キロほどしか離れていない。北朝鮮は、ソウルを火の海にすると脅した。カーター元大統領が平壌《ピョンヤン》に飛んで、結局、戦争は直前で回避された。

いま思えば、このとき戦端を開いていればよかったと言える。ソウルに長距離砲が何発か着弾したかもしれないが、北朝鮮の政権は取り除かれ、核兵器も開発されず、韓国にとっても日本にとってもアメリカにとってもよかった。北朝鮮の人びとにとってもずっとよかったろう。

▲2003年8月、北京で行なわれた最初の六カ国協議
写真：AFP＝時事

＊

そして始まったのが、北朝鮮の核をめぐる六カ国協議だ。北朝鮮、韓国に加えて、アメリカ、中国、ロシア、日本の六カ国が参加。北朝鮮に軽水炉を供与する代わり

に、北朝鮮は核開発をやめる。軽水炉は発電用で、原爆の材料を取り出すことはできない。交渉はだらだらと続き、北朝鮮が時間稼ぎをしただけだった。北朝鮮がそもそも、核開発をあきらめるはずがない。結局、協議は中断し、空振りに終わる。

アメリカが北朝鮮の正体を見誤ったお人好しだったということだ。

天安門事件を見過ごす

日本も、よその国のことを笑っていられない。中国の本質を読み誤り、対応を間違い続けている。

日本は、中国の改革開放を歓迎した。ようやく国交が開かれ、隣国と交流できると喜んだ。日本経済にとってプラスになると、ソロバンも弾いた。巨大市場を前に、よだれを垂らしたのだ。国民も中国に好感をもち、中国ブームが巻き起こった。中国に攻め込んで無辜《むこ》の人びとを苦しめた。その罪責感から、手をさしのべようとした人びとも多かった。

＊

改革開放が順調に進んで一〇年あまりが経った一九八九年六月四日に、天安門事件が起こった。人民解放軍が、無防備の学生市民に銃を向け、流血の惨事となった。数千人が死亡したとも言われる。まともな国ならありえないことだ。欧米諸国はただちに抗議の声をあげ、経済交流を停止した。

日本は、西側諸国のなかでもっとも腰が重く、最後にいやいや制裁に乗り出した。そして制裁を解除したのは、どの国よりも早かった。中国がこれからどうなるかを考えず、目先のビジネスを優先したのである。日本のこんなやり方を見れば、西側諸国も黙って見過ごすわけには行かない。国際社会は中国に、警告と教訓を与える大事なチャンスをみすみす逃してしまった。

このときに、中国に対する資本や技術の供与を中断し、中国以外の国々に振り向けるべきだった。そうすれば、中国が権威主義的な国家のまま、アメリカを追い越すほどのGDPを手にすることもなかっただろう。

＊

では、日本は賢明に立ち回ったのだろうか。大事な友人として中国に尊敬されたのだろうか。中国ではそのあと反日教育が盛んになり、尖閣諸島や近隣諸国への圧力が強まり、香港や新疆《しんきょう》で強引なやり方を進め、権威主義的な体制を強めているではないか。日本は中国の市場から利益をうるどころか、産業が空洞化し、賃金は停滞し、成長がストップし、失われた三〇年を無為に過ごしているではないか。

もしも一九九〇年に、日本が先頭に立って中国に厳しい態度で臨んでいれば、その後の中国の発展はなく、しょぼくれた経済のままごまごしていたことだろう。代わりに日本は、ひき続き製造業と先端技術の中心地として、発展を続けていたはずだ。

2 マルクス主義と独裁国家

北朝鮮の国家体制の本質を理解するのに、マルクス主義の要素がどれぐらいあるかを、まず見極めておくべきだろう。

プロレタリア独裁

中国共産党は、もともとマルクス・レーニン主義の政党である。
朝鮮労働党も、マルクス・レーニン主義に立脚するということになっている。
マルクス主義の共産党は、革命政党である。プロレタリア独裁を原則とする。

プロレタリア独裁の原則が、中国共産党や朝鮮労働党の権威主義的な体質を、完全に説明するのだろうか。この点をまず、確認してみる。

*

マルクス主義は、世界史を「階級闘争の歴史」と考える。階級の根本は所有権だ。

近代の資本主義社会では、資本を所有する資本家階級と労働力しか売るものがない無産労働者階級（プロレタリア）とが対立する。資本家階級を打倒し、共産主義社会への道を進むには、共産党がプロレタリアを指導し、暴力革命によって政権を奪取しなければならない。そして、資本家から資本の所有権を取り上げ、全人民所有とする。

資本の持ち主がいなくなるのだから、階級も階級闘争もなくなるはずだ。でも、この革命が成功しても、資本家階級はどこかになりをひそめ、反革命の機会を狙っているかもしれない。それを防ぐため、共産党による独裁は、しばらく続ける必要がある。その間、民主主義を採用するわけには行かない。

*

共産党は、「民主集中制」の原則で組織することになっている。

共産党は、無産労働者階級を指導する前衛である。もっとも意識の高い、革命の闘士が集まっている。入党には、それなりに厳しい審査がある。党は、上意下達のピラミッド状の組織になっている。革命戦争を担うので、軍隊と同じ仕組みになっている。

その中枢を、党中央という。中国共産党の場合は、政治局常務委員会である。党中央の権威は絶対だ。

「民主集中制」とはどういうやり方か。党の決定がなされるまでは、自由に討論してよい。いったん党の決定がなされたなら、自由な討論はやめ、党中央の決定に従う。自由な討論が「民主」、党中央の決定に従うのが「集中」である。「民主集中制」という名前なので、ちょっとは民主主義なのかというとそんなことはなく、民主のほうはつけたりで、実態は集中(独裁)である。

毛沢東思想とは何か

北朝鮮の前にまず、中国の説明をすませておこう。

中国共産党は一九二一年、コミンテルン(国際共産党)の中国支部として、上海で結成された。ソ連からオルグ*がやってきて、スポンサーになっていた。結成大会には、毛沢東《もうたくとう》も参加していた。やがて毛沢東は、ソ連寄りの指導者を押し退けて、中国共産党の主導権を握った。一九七六年に亡くなるまで、ずっと指導者の地位にあった。

中国共産党はもともとマルクス・レーニン主義の党だから、マルクスやレーニンやスターリンの著作が必読文献だった。やがて、毛沢東の著作が毛沢東選集などとして読めるようになると、中国語の文献だけ読めばよくなった。毛沢東は、マルクス・レーニン主義を「創造的に発展」させたことになっている。毛沢東さえ読んでいれば、ドイツ語やロシア語の文献は読まなくてもよい。マルクス・レーニン主義が中国語の内部で完結するのが、毛沢東思想である。

▲毛沢東（1893-1976）
写真：AFP＝時事

中ソ論争が起こった。ソ連は、マルクス主義の間違いについて中国に教えてやる、という態度だった。中国は、間違っているのはお前のほうだとした。ソ連を「修正主義」だと決めつけた。ソ連が間違っているなら、言うことを聞く必要はない。中国は中国のやり方で、社会建設を進める。もともとインターナショナリズムだったマルクス主義が、中国のナショナリズムに変貌した。

＊オルグ……労働組合や左派系政党などが組織拡充のため、宣伝や勧誘活動、教育などを行なうこと。

だから、毛沢東は正しい。鄧小平《とうしょうへい》は正しい。江沢民《こうたくみん》は正しく、……、習近平は正しい。つまり、そのときどきの中国共産党は正しい。中国共産党は正しいのだから、誰も批判できない。この考え方が、中国の権威主義的な政治体制の根底にある。

＊

朝鮮労働党とは何か

では、北朝鮮はどうか。

朝鮮労働党が北朝鮮を指導するのは、中国共産党が中国を指導するのと似ている。違うところもある。

まず、名前が違う。共産党ではなくて「労働党」。どう違うのだろう。

労働党という名前に落ち着いた事情ははっきりしない。たぶん、共産党と敵対し、共産党を押し退けて実権を握ったからだろう。

＊

一九四五年に日本が降伏すると、朝鮮半島は朝鮮の人びとに帰属することになった。ポツダム宣言に先立つカイロ宣言に、書いてあった通りだ。独立である。でも半島は、権力の空白地帯で、誰が独立を担うのかはっきりしなかった。

朝鮮の李王朝（大韓帝国）は、一九一〇年の日韓併合条約によって、大日本帝国に吸収された。一九四五年の時点では日本の一部であり、朝鮮半島の人びとは大日本帝国の臣民だった。

日本共産党は一九二二年に結成された。コミンテルン（国際共産党）日本支部である。コミンテルンは、国ごとに共産党を組織してその国の革命を担わせた。朝鮮半島は日本の一部だったので、朝鮮革命は日本共産党の任務だった。そこで日本共産党に加わっていた、朝鮮半島出身の人びとも多かった。彼らは、朝鮮半島が日本から分離することになったので、日本共産党を離れて、朝鮮共産党をつくろうとした。日本共産党系の共産主義者たちである。

二番目のグループは、中国共産党に加わっていた人びと。朝鮮系の共産党員は、朝鮮で革命に従事すべきだと、半島に戻ってきた。延安《えんあん》派の共産主義者たちである。

こうした人びとがソウルや平壌に集まって、革命運動の組織づくりを始めた。

＊

金日成《キムイルソン》の朝鮮労働党は、そこへ後から乗り込んだ、また別系統のグループだった。

金日成とは誰か

金日成将軍は伝説の司令官だ。朝鮮の苦難を救ってくれる英雄、と信じられていた。そんな人物がそもそも実在したのかどうかよくわからない。それらしい候補者なら数名はいたようだ、と歴史家は言う。

そんなとき平壌へ、金日成だと称する人物が乗り込んできた。見た目も立派で、資金も持っている。たちまちひとかどのリーダーとして、頭角を現した。

この金日成がほどなく、北朝鮮を建国して指導者に収まる。その子どもの金正日《キムジョンイル》、孫の金正恩、と続く金王朝の始まりである。

＊

さて金日成は、ソ連の送り込んだスパイだった。その後ろ楯があるから、資金も豊富だし武器も手に入る。新しい国づくりを模索する知識人や社会主義者のあいだで、支持を拡げていく。

金日成は順番に、反対勢力を駆逐して行った。まず、日本共産党系のグループ。延安から戻った中国共産党系のグループ。彼らは、革命運動の経験もあり、共産主義の理論もしっかりしている。でも、だから邪魔で、片づけてしまった。自由主義者や無産大衆運動家も目障りだ。

そのあと、かつてともに銃をとって戦ったパルチザンの仲間も、順番に粛清した。自分の過去を詳しく知っている人間がいるのは都合が悪いのだ。

金日成には実績がない

金日成が毛沢東と違うのは、革命の実績がないことだ。

▲記念写真に納まる金日成（1912–1994）
写真：朝鮮通信＝時事

＊

毛沢東は革命に参加し、いつも紅軍と一緒だった。井岡山《せいこうざん》を離れ長征に出てからは、途中で共産党の実権を握り、延安に根拠地を置いた。日本軍と戦ったり、国民党軍と戦ったりした。中国革命をやりとげ中華人民共和国を成立させたのは、毛沢東の功績である。誰がみてもこの点ははっきりしている。

金日成は、日本が支配していた満洲で、東北抗日聯軍《れんぐん》というゲリラ部隊に入っていた。その「第六師師長」をつとめていたことになっている。でもたちまち日本軍に追い立てられ、北方のソ連領に逃げ込んだ。そこで終戦まで、ソ連軍の将校として、なすことなく過ごしていた。

普天堡（ポチョンボ）の戦闘が、金日成の功績ということになっている。一九三七年六月に、一〇〇名のゲリラが朝満国境を越えて朝鮮側に入り、日本側の国境守備隊を攻撃し七名を殺害して戻った。まあ言うなれば、ちっぽけな戦闘だ。もしもこれ以外に実績がないのなら、なにも実績がないということである。

＊

それなのに金日成は、救国の英雄・金日成将軍というふれこみで平壌に乗り込んだ。何も実績がないのがばれては困る。そこで白頭山《ペクトゥサン》がどうとか、神話をでっちあげ粉飾しているのだ。

マルクス主義がナショナリズムに

こうしてユーラシア大陸に拡がったマルクス主義は、その性格を変えていった。

もともとマルクス主義は、ユニバーサリズム（普遍主義）であった。人類の歴史を階級闘争だととらえ、その歴史法則はすべての社会に当てはまるとした。「万国のプロレタリアが団結」する世界同時革命をめざした。

ところがそれが、ナショナリズムに変質して行った。ソ連は、一国社会主義を掲げ、国土を防衛した（大祖国戦争）。中国は、国際共産主義と縁を切って、中国独自の道を歩むのだとした。北朝鮮は、金日成のもと、独自の国づくりを始めた。人類共通の課題はさて置いて、自国の課題と取り組む。ナショナリズムである。

*

だがもともとは、普遍主義のマルクス・レーニン主義だったので、収まりが悪い。収まりが悪いのは、たとえば革命だ。革命は本来、世界同時革命で、一国でできるものではない。それなのにソ連一国で、また中国一国で、北朝鮮一国で、革命をしなければならない。革命をするのをやめてしまっては、独裁政権を維持する口実がない。

そこでソ連は、粛清を続けた。反革命分子は至るところにいる。だから密告を奨励し、片端から見つけ出しては粛清した。中国は、文化大革命を発動した。共産党の内部に資本主義の道を歩む「走資派」、党を乗っ取る「実権派」がいる。彼らを見つけ出して打倒せよ。北朝鮮にも、陰謀を企む不穏分子が隠れている。彼らの正体を暴いて処刑しよう。

こうして革命は永続する。だから、独裁も永続する。

中国の儒教的階級制度

中国と北朝鮮のやり方がソ連と違うのは、親と子の関係を重視すること。親の社会的地位によって子どもを分類し、その将来を決めてしまうことである。ソ連は個人主義のロシア正教だが、中国と北朝鮮は血縁重視の儒教社会なのだ。

＊

中国では、親の出身階級がよくない人びとを「黒五類《こくごるい》」という。地主、富農、反革命分子、破壊分子、右派の五種類だ。中国では国民党との内戦があったので、親や親戚に国民党の関係者がいると問題になった。（そういうケースはとても多い。）

農民は、貧農、下層中農、中農、富農、のように分類された。このうち貧農と下層中農は、プロレタリアにあたるので、優遇される。貧乏なほうがよいという転倒である。

この基準は、土地所有の観念のない内モンゴルのような遊牧民地域にも適用された。土地を手がかりにできないので、家畜の頭数を基準にした。富農や中農に分類されては大変だ。

それならいっそ殺して食べてしまおう。多くの家畜が無益に殺されるという悲喜劇が起こった。

北朝鮮の階層区分

北朝鮮の出身成分のわけ方は、もっと詳細で手がこんでいる。『こんなに困った北朝鮮』（メタローグ、二〇〇〇年）に詳しく書いたので、引用しておく。

「成分」は、聞き慣れない名前だと思うので、説明が必要だろう。

成分（出身成分）は、革命に協力的かどうかを基準にして、国民一人ひとりを分類するものだ。

朝鮮戦争の後、一九五八年から二年間をかけて、全国民を、「核心階層」（革命の中心になる人びと）、「動揺階層」（革命に加わったもののふらふらしている人びと）、「敵対階層」（もともと革命に反対だった人びと、そして、これから反対しそうな人びと）の三つに分類した。その後、分類はもっと細かくなり、一九七〇年には社会安全省が、三階層五一分類を完成させた。

成分は、住民登録台帳に書き込まれ、進学、就職、結婚、入党、住居、福利厚生などあらゆる機会について回る。そして、「敵対階層」に分類された人びとは、その都度差別を受けるのみならず、日常生活も監視されることになっている。

もう少し詳しく中身を見てみよう。

「核心階層」とは、革命遺族、戦死者遺族、愛国烈士遺族、人民軍後方家族、殉職者家族、栄誉軍人、労働党員、代々の労働者・雇農・貧農などである。

「動揺階層」は、解放後の労働者、中農・小商人・手工業者出身などである。

「敵対階層」は、地主・富農・資本家・日帝時代の知識人出身、越南者家族、労働党除名者、反党・反革命分子、逮捕投獄者家族、出所政治犯、スパイ関係者、宗教信者、日本からの帰還者など、となっている。

注目すべきなのは「敵対階層」の割合が高いことで、七〇年代には国民の五一%がこれに分類されていたともいう。

「動揺階層」や「敵対階層」に分類されてしまったら一生浮かばれない。誰でもできれば、労働党に入党したいと思っている。そのせいか、この党は人数がきわめて多い。二三〇〇万人の人口に、党員は三〇〇万人あまり。国民の約六人に一人は労働党員という計算になる。ほかの社会主義国に、こんなマンモス党はなかった。

（『こんなに困った北朝鮮』五四〜五六頁）

『こんなに困った北朝鮮』は二〇〇〇年刊行の、二〇年以上も前の本である。でも、そこに書いてある同国の信じられない実態は、いまも基本的に変わっていない。

3　大日本帝国の置き土産

日帝支配の三五年

日本は、一九一〇年から一九四五年まで三五年間、朝鮮半島を統治した。

この時代を日帝支配という。韓国でも北朝鮮でも、よくないことだと必ず否定的に語られる。その通りだ。よその国をむりやり植民地統治するのは、ほめられた話ではない。

ただ、ものごとには反面がある。朝鮮半島の人びとにとってこの三五年間は、近代化の原体験だった。意識しないとしても、その影響はいまでも決定的なのかもしれない。そのことを見逃してはいけない。

この点が、中国と北朝鮮の違いである。

中国は、日本に侵略された。でも、植民地統治されたわけではない。（ただし東北地方は満洲国となった。）日本が入ってくる前、中国はナショナリズムを経験し、中華民国を建国した。中国のナショナリズムと日本の影響とは、別々である。いっぽう北朝鮮は、大日本帝国の一部だった。その経験があるのかないのかが、中国と北朝鮮の違いになっていると思う。

*

一九九六年に北朝鮮を旅行したとき、既視感のようなものに幾度かとらわれた。昔どこかで見たことのある風景。セピア色の写真帳の昭和の日本と似ているのだ。

例その一。鉄道に乗った。線路脇の石積みに見覚えがある。菱形《ひしがた》の石を斜めに積み上げていく「国鉄積み」だ。たぶん、その昔、鉄道の敷設工事をした技術者が、日本のやり方で積んだのだろう。それがそのまま使われている。

例その二。ホテルの窓から近くの小学校が見えた。校庭で体操をする児童たち。そのやり方や、整列して校舎に入る様子など、日本のやり方にそっくりだ。

北朝鮮の人びとは、時間をきちんと守った。部屋を掃除するのに隅々まで四角く掃いてい

▲1996年の平壌駅構内
出典：橋爪大三郎『こんなに困った北朝鮮』メタローグ、2000年、57頁

る。中国だとモップで丸く拭いて終わりだ。人びとの規律訓練が中国と北朝鮮では異なる。そして、北朝鮮は日本と似ているのである。

大日本帝国とは何だったか

では、朝鮮半島の人びとが経験した大日本帝国とは、どういうものだったか。

話せばいくらでも長くなる。要約してのべよう。

まずそれは、ナショナリズムである。日本という国民（ネイション）を形成し、西欧の列強諸国に伍して、独立をまっとうし、近代化をはかろうという運動だった。

これは簡単だったか。簡単ではなかった。日本以外の非西欧の世界で、独立を保ち、近代化を曲がりなりにも果たした国など数えるほどだった。

日本のナショナリズムの動力となったのは、尊皇思想である。

尊皇思想は、儒学（朱子学）に根をもつ。儒学は、日本の統治階層（武士）に受け入れられ、日本的なものに変容した。幕府の要人も、各藩の知識人も、市井の人びとも、みな尊皇はもっともだと思った。尊皇思想にかぶれたと言ってもよい。尊皇思想が言うには、日本がオール・ジャパンでまとまるには、天皇が中心にならないとだめだ。ロシア船がたびたび来航した。阿片戦争で清が英国に敗れた。とうとう黒船がやって来ると、幕府や各藩は、統治権を天皇に返上することにした。

＊

天皇は、神秘的で伝統的な君主である。そして明治以後、近代化の担い手でもある。

天皇のもと、明治政府はどういう政策を進めたか。

天皇は租税を集め、官僚を通じて統治し、軍隊を統率する。官僚と軍隊が、天皇を右側から支える。産業の担い手である財界と、文明開化の担い手である知識人とが、天皇を左側から支える。産業化が進展し、重化学工業が興った。重化学工業は軍が主な発注元である。このせいで、財界が右傾化した。また、戦時統制経済が進むにつれ、官僚も右傾化した。この延長上に、東アジアに西欧列強の支配が及ばない尊皇主義の独自の勢力圏をつくろう、というビジョンが芽生えた。大日本帝国がうみだした、ウルトラ・ナショナリズムの妄想（大東亜共栄圏という幻）である。

天皇は、ナショナリズムの象徴的な中心だ。天皇にすべての権限が集中する（ようにみえる）。それを憲法が、コントロールするはずだった。そのタガが外れてしまえば、ナショナリズムを突き破って、ウルトラ・ナショナリズムの魔物が暴れ出す。大日本帝国の病理である。

金王朝と天皇制

この、大日本帝国の亡霊につきまとわれているのが、北朝鮮ではないのか。

「金王朝」とよくいう。金日成→金正日→金正恩。三代にわたって、独裁的な権力が世襲された。隣の中国からみても、おかしい。世襲だから金「王朝」なのだという。

なぜ、同じ儒教圏の中国と北朝鮮が、それも同じマルクス主義の独裁政権が、片方は指導者がつぎつぎ交代し（毛沢東→鄧小平→江沢民→胡錦濤《こきんとう》→習近平）、もう片方は親子の世襲なのか。説明がつきにくい。

でも、こう考えるとはっきりする。**金王朝は、天皇制のコピーなのだ。**

朝鮮半島の人びとの近代化は、日本の天皇制のもとで推し進められた。象徴的な天皇のもとに国民が結集し、崇高な使命を分かち持った。その原体験が、北朝鮮の国づくりに、無意識に投影されているのではないか。

中国は、清朝に対抗して近代化をなしとげた。皇帝という存在に反感がある。清朝が倒れたあと中華民国の大総統になった実力者の袁世凱《えんせいがい》は、束の間のことだが皇帝に即位し、国号も中華帝国と改めた。しかし不評で、すぐ帝政をやめざるをえなかった。皇帝に対して忌避感があるのだ。

朝鮮の李氏王朝は、近代化に抵抗してきた。そのあと、日本の統治下で本格的な近代化が始まった。皇民化教育が徹底された。その影響がのちのちまで及んで不思議はない。

金王朝は、天皇制のコピーである。これが本書の仮説である。

金日成は天皇のような存在

ではなぜ、金日成は、天皇のような存在でなければならなかったか。

金日成は、朝鮮人民を統一する「象徴」的存在として、降って湧いたように現れた。実力のない傀儡《かいらい》（ロボット）で、ソ連に操られていた。でも、操られていると見えてはならない。自分の足で立って、指導者然としていなければならない。権力をもっていなければならない。明治初期の専制君主制の時代の天皇と似たようなものだ。

明治の天皇制は、それに先立つ江戸時代以来の尊皇思想に支えられていた。天皇には、神話時代にさかのぼる唯一無二の血統がそなわっていた。それをもっともらしく、国民のあいだに宣伝した。こんなに立派な君主がいるのだから、お前たちもそれにふさわしく頑張りなさい。

さて、同じことをやりたくても、金日成にはあいにく、やんごとない血統などない。血統がどうのと言い出せば、朝鮮にはそもそも古い家柄の名家が多い。李王朝もあった。伝統や格式では勝負にならない。そこでまず、革命（過去の権威をリセットすること）を宣言した。そして、金日成には、革命のリーダーにふさわしい実績も、血統もあったと宣伝する。血統がなければ、つくり出せばよい。それが、白頭山の血統だ。

朝鮮半島が解放された一九四五年八月、金日成は朝鮮にいなかった。ソ連領にいた。息子の金正日もそこで生まれた。金正日にはユーラというロシア名まであった。これは具合が悪い。そこで一家は、朝鮮半島の白頭山にいたことにした。「生家」もあとから造った。嘘も百回言えば、ほんとうになるのである。

血統はそれだけ大事で、革命を指導する資格になる。ならば、子どもが指導者のポストを受け継ぐのは当然、となって不思議はない。そのまた子どもの金正恩がポストを世襲するのも、これまた当然である。ぬり絵の要領で天皇制をうわ塗りすると、金王朝ができあがる。

アメリカとの戦争

天皇制と金王朝が似ているのは、神話的な血統に加えて、アメリカとの宿命的な戦争を運命づけられている点である。

＊

アメリカが太平洋の反対側に、日本を発見した。開国しなさいと扉をノックしたところから、明治の日本が始まった。

開国するとは、国交を開くこと。条約を結ぶこと。アメリカが日本を、独立国として承認すること。西欧列強の植民地にならないように、後ろ楯になってあげようということ。つまり、アメリカが与えてくれた恩恵である。このおかげで、日本は、天皇を主権者にいただく専制君主制として、スタートを切ることができた。

なぜアメリカは、日本にこんなに親切だったのか。アメリカにはアメリカの国益があった。太平洋の反対側に、列強が拠点を築き、アメリカとにらみ合う事態は避けたい。それにはちっぽけな日本が、独立していることが大切だった。

＊

でも日本は、アメリカのことがあんまりわかっていなかった。西欧列強のこともあまりわかっていなかった。

その後、日本は日英同盟を結んでロシアと戦い、勝つことができたのはよかった。でもだんだん調子に乗って、身の丈に合わない軍事力と野心を抱くようになった。それをアメリカは警戒し出す。イエローカードが何枚も出た。でも日本は気がつかず、アメリカと戦争するしかない状況に追い詰められていく。

そのあとの顚末は、読者もよく知っている通りだ。

＊

敗戦後も日本は、いつもアメリカを意識している。アメリカからどう見られているかを気にしないと、自我像が安定しない。自分が自分であるための超越的な他者。愛憎の半ばする対象である。

朝鮮は、開国しなさいと、日本に扉をノックされた。ちょうどアメリカが日本にとってそうであるみたいに、日本が朝鮮にとって、自我像が安定するための超越的な他者のようになっているという側面がある。

その日本がアメリカに敗れた。

朝鮮は独立できることになった。でもこれは、朝鮮の人びとが自分の手で勝ち取ったものではない。そこをごまかしてうまく隠さないと、独立の物語をつくれない。金日成は、アメリカの傀儡・李承晩《りしょうばん》のせいで、朝鮮の統一が阻まれた、朝鮮の敵はアメリカだ、と決めつけてみせた。でもそれを言うなら、金日成こそソ連の傀儡ではないのか。違うぞ、アメリカのせいだぞ、と南に攻め込んだ。朝鮮戦争である。これに勝てば、革命と独立の主体が金日成であることがはっきりする。でもアメリカに反撃され、負けそうになった。中国の義勇軍に助太刀してもらってようやく持ちこたえ、三八度線でにらみ合いになった。これが休戦ラインになって、現在に至る。

*

北朝鮮はずっと、アメリカを意識している。

北朝鮮の体制を覆す力があるのはアメリカ。北朝鮮の体制を保障する力があるのもアメリカ。アメリカが同意するか黙認するか、あるいは、北朝鮮がアメリカと戦って勝利するかでないと、朝鮮半島は統一できない。北朝鮮が朝鮮を代表する正しい政府であるかどうかは、アメリカにかかっているのだ。

だから北朝鮮は、対アメリカ戦争をずっと念頭に置いてきた。核兵器を開発するのも、ミサイルを開発するのも、対アメリカ戦争のためだ。核武装は、北朝鮮の独立と自衛のための、自己の存在理由をかけた戦いである。

かつて日本は、自国の誇りと生存権をかけて、アメリカと戦った。この点で北朝鮮は、日本と似ている。そして、この戦いに負けない保証としての核兵器を手にしている。

4　北朝鮮の恐ろしい本質

すべての資源を核開発に

北朝鮮は、すべての資源を核兵器の開発に投入してきた。一九九〇年代からの一貫した戦略だ。この戦略はまったく揺るがなかった。見事だと言うしかない。

冷戦が崩壊するまでは、こうではなかった。北朝鮮は、ソ連の「核の傘」で守られていた。体制が守れるかどうかを、深刻に心配する必要がなかった。

＊

冷戦が終わり、ソ連が崩壊すると、ソ連の「核の傘」がなくなった。アメリカの軍事的圧力に、もろに晒されることになった。

ロシアは頼りになるか。九〇年代のロシアは混乱を極めていて、先が読めなかった。

中国は頼りになるか。中国はソ連と違って、市場経済の道を歩んでおり、アメリカを必要としていた。北朝鮮に「核の傘」を提供するつもりはなさそうだ。中国は頼りにならない。それに北朝鮮は内心、中国のことを鬱陶しく思っている。かりに頼りになるのだとしても、頼りたくない。

そこで北朝鮮が選んだ道は、「自前で核兵器を持つ」である。

＊

もともと北朝鮮は、それなりに経済がしっかりしていた。南の韓国に比べれば。

朝鮮半島を統治した日本は、半島の北半分は工業、南半分は農業、と重点を決めた。北半分にはダムや発電所、鉱山、化学工場などを建設した。南半分は農業地帯と位置づけてコメ

▲2016年3月、核の兵器化事業を指導する金正恩総書記
写真：朝鮮通信＝時事

を生産した。日本がいなくなったあと、北朝鮮は、工場や社会インフラを居ぬきで手にすることができた。朝鮮戦争で破壊されてしまったものも多かったが、それでも韓国よりは経済力があった。だから韓国より、優位に立っていた。六〇年代までは。

日韓基本条約が結ばれ、日本と韓国の国交が正常化した一九六五年あたりを境に、韓国の経済成長が始まった。あれよあれよと言う間に、造船や自動車や家電製品や半導体の企業群が韓国経済を飛躍させた。それにひきかえ北朝鮮は経済運営が下手くそで、当初の遺産を食いつぶし、技術革新も進まず、気がつけばダメ経済の後進国になり下がってしまった。

核は金がかかる

核開発には、それなりに金がかかる。

北朝鮮はへろへろのダメ経済で、とてもそんな費用をまかなうだけの余力はない。でも核兵器は絶対に手に入れたい。そこで、ありったけの資源や外貨をかき集めて、核開発に注ぎ込んだ。ほかの産業がストップしようと、人びとの食糧が足りなくなろうと、飢えて死のうと、おかまいなしである。

核兵器はなんのために必要か。国を守り、人びとを守るためではないか。その核兵器を手に入れるのに、人びとが飢え死にしたのでは、本末転倒ではないか。核兵器を開発することが、自己目的化していないか。

*

そう、核開発が自己目的化している。本末転倒である。

この転倒は、一九九〇年代の早々に起こった。

当時、北朝鮮は本気で心配した。ソ連が倒れ、東欧の政権もつぎつぎ倒れた。つぎは北朝鮮の番ではないか。アメリカが体制変革を狙っているのではないか。アメリカ軍がその気になれば、北朝鮮軍はひとたまりもないではないか。どうやれば、この国を守れるか。いや、この国の体制を守れるか。

北朝鮮がいま守ろうとしているのは、この国の「体制」である。金王朝である。この国の人民を犠牲にして、「体制」を守ろうとしている。核開発は、人民に犠牲を強いる。そして「体制」を延命させる。社会主義とも共産主義とも、似ても似つかない「体制」の国家が、北朝鮮である。

「体制」とは何か

「体制」は、国とも国民（人民）とも違う。

「体制」とは、手っ取り早く言えば、北朝鮮で特権にありついている人びとである。たとえば、金正恩の一族やその取り巻き。朝鮮労働党の高級幹部や家族。軍や政府の高級幹部や家族。平壌に住むエリートや特権階層など、ひと握りの人びとだ。彼らは北朝鮮の大多数の人びとを踏み台にして、さまざまな特権をむさぼっている。「体制」が崩れたら、特権はすべてフイになる。それどころか検挙され、報復されるかもしれない。外国に亡命しないと命が危ない。それが恐いから、特権を守ろうと必死である。

＊

「体制」に居すわるひと握りの人びとが、北朝鮮の大多数の人びとを犠牲にして、特権にしがみついている。その手段が、核兵器である。

そのほかの手段として、軍がある。警察がある。党や政府の機関がある。そのほかさまざまな締めつけの手段がある。収容所もある。

「体制」とは、要するに、北朝鮮のひと握りの支配層の人びとのエゴのかたまりだ。その「体制」が、北朝鮮という国を乗っ取って、核兵器を手にし、自分たちの利害のためにやりたい放題をやっている。

その昔、大日本帝国は、軍部に乗っ取られてしまい、軍部の勝手な都合で無謀な戦争に突き進んだ。軍部は、ひと握りの人びとだが、武力と権力と政治力をもっていた。残りの人びとは否応なしに、従うほかなかった。いま、北朝鮮は、金王朝の「体制」に乗っ取られてしまっている。「体制」の勝手な都合で、無謀な戦争に突き進みそうである。万一戦争になれば、北朝鮮のふつうの人びとが大きな苦しみを受け、多くの人びととの血が流れるだろう。

これが、北朝鮮の「体制」だ。二一世紀に、こんなものが存在していいのか。でも、現に存在している。それが北朝鮮なのである。

戦時経済が日常化

こんな「体制」のもとで、人びとはどんな窮状に置かれるのか。

北朝鮮は経済がボロボロで、ろくに食糧も自給できない。電力も不足している。産業もないに等しい。国民の不満は高まっている。

それでも、北朝鮮の「体制」はびくともしない。

＊

北朝鮮の経済は、言うならば戦時統制経済である。

食糧など生活基本物資は、統制されている。配給が原則である。住居も国が配分する。主要な物資は政府が統制している。このやり方がずっと続いている。ちょっとでも政府に反対したり、不満を持ったりしたそぶりをみせれば、配給がストップするかもしれない。生きていけない。

北朝鮮の指導部はあえて、経済をボロボロのままにしているふしがある。国民はいつも栄養失調でふらふらしている。体力がなくなるし、反抗する気力もわかない。

＊

配給の食糧は十分でない。そもそも配給がストップすることもある。そこで、ヤミ市場で必要な物資を入手しなければならなくなる。経済は、配給とヤミの二本立てだ。この点でもかつての日本の戦時統制経済と似ている。これも大日本帝国の残響である。

戦時統制経済は、国民をコントロールするのにうってつけの仕組みなのだ。

秘密警察と収容所

北朝鮮は、中国と同じで、党が政府や人民を指導する。朝鮮労働党の組織が国中に張り巡らされている。

軍事力の中心は、国防省である。ほかに、民兵組織もある。

社会安全省（警察）と国家保衛省（秘密警察）が、いたるところにアンテナを張っている。

社会安全省には「教養所」があって、一般の刑事犯などを収容する。

国家保衛省は「収容所」をそなえている。「収容所」は「革命化区域」と「完全統制区域」に分かれている。「革命化区域」に収容された政治犯は、場合によっては出所できる可能性がある。いっぽう「完全統制区域」に収容された場合は、死ぬまで強制労働をさせられ、外に出ることができない。

こういう恐ろしいシステムがとてつもない抑止効果をもつことは、言うまでもない。

（なおしばらく前まで、これらの機関は、△△省でなく△△部とよばれていた。国防省は人民武力部、社会安全省は社会安全部、国家保衛省は国家安全保衛部、など。実質的には同じものである。）

北朝鮮に生まれた人びとは、不満の表明や大衆運動など、諦めてしまうほかない。チャンスがあれば脱北をはかるのがせいぜいである。しかし、脱北は簡単ではない。かりに中朝国境を越えることができても、中国側で捕まって送り返される可能性が高い。

こうして人びとは、北朝鮮のトップが「戦争」と言えば、有無を言わせず、戦争へと駆り立てられるしかない。

＊

核兵器が唯一解

北朝鮮は、核兵器があればアメリカに勝てるのか。

勝てるとは言えない。けれども、核兵器がなければ、そもそも勝負にならない。たちまちひねり潰されてしまう。

核兵器は、北朝鮮がアメリカ相手の戦争の土俵に乗るための最低限の条件なのだ。

＊

冷戦時代、ソ連とアメリカは核兵器を手ににらみ合っていた。

冷戦が終わると、ソ連の核の傘はなくなり、北朝鮮は丸裸になった。北朝鮮は核開発に舵を切った。それから数十年、北朝鮮はねばり強く、核保有国への道を歩んできた。核開発をやめてもいいですよ、みたいなフリをして、時間稼ぎをした。脅したりすかしたり、外交テクニックも宣伝もありとあらゆる手段を動員して、かなりの数の核弾頭と運搬手段を配備することに成功した。

*

こうして核保有国の座についた北朝鮮。
アメリカに対して、どう出るのか。
それを、次章で考えてみる。

第2章　金正恩は何を考えているのか

核保有国となった北朝鮮は、二〇二三年の暮れから翌年にかけて、韓国に対する態度を変更した。韓国を「主たる敵」と名指しし、これまでの平和統一路線をひっこめた。劇的な変化である。

これは何を意味するのか。

順を追って考えよう。そして、朝鮮半島でこれから起こるかもしれない軍事衝突について、予測しよう。

1　半島統一のシナリオ

なぜ平和統一が優先だったのか

北朝鮮は長年、南北の合意をめざし、半島の平和統一を目標に掲げてきた。それはなぜだろうか。

それは、アメリカの軍事力（核戦力）に対抗できなかったからである。

かりに北朝鮮が韓国に攻め込んで、軍事力で韓国を圧倒したとする。そのまま統一できるだろうか。必ず途中で、アメリカの横やりが入る。核兵器を持たない北朝鮮はそれをはねのけることができない。

北朝鮮が腕ずくで朝鮮半島を統一することは、アメリカの軍事力（特に、核戦力）がある限り、できない相談だ。

そうすると、唯一可能な方法は、南北が話し合いをして、朝鮮半島を統一しましょうと合意に達することである。平和的な話し合いが成立したものを、武力によって阻むことはできない。平和的な民族統一はよいことではないか、と国際社会の後押しが期待できる。アメリカも横やりを入れにくい。

*

こう考えていたから、北朝鮮は、平和統一の旗印をずっと掲げてきた。朝鮮はひとつの民族、南北はひとつの祖国。誰も統一を阻むことはできない。

――これは、北朝鮮と韓国のあいだで実りある対話が可能で、平和的に統一する合意がえられるだろう、という意味ではない。そんな対話は、実際のところできそうもない。平和的な話し合いで合意に達する以外に、アメリカの介入をはねのけるやり方が考えられないという意味である。

＊

平和統一への道筋を描いてみると、つぎのようである。

A　南北の対話が進んで、統一に向けた北朝鮮と韓国の合意が成立する。

⇩

B　国際社会が、南北合意と半島の平和的統一を歓迎する。

⇩

C　アメリカは南北統一に反対できず、アメリカ軍は半島から撤退する。

A合意→B統一→Cアメリカ軍の撤退。アメリカ軍の撤退（アメリカの軍事的介入の排除）の唯一の可能性が、南北の合意にもとづく平和的統一なのである。北朝鮮にとっては、「アメリカ軍の介入を排除する」ことに、実は主眼がある。「南北で交渉し、合意に達し、半島を統一する」ことのほうは、そこまで重要ではない。いや、半島を統一することは確かに重要なのだが、それが平和的な交渉で合意に達するのかどうか、合意はどんななかみになるのか、あまり詰めている様子がない。「統一してしまえば、あとはこっちのもの」と考えて

▲東アジア研究の大家であるエズラ・ヴォーゲル教授（左）と話す著者（右）
出典：橋爪大三郎『こんなに困った北朝鮮』メタローグ、2000年、207頁

いるのだろう。

台湾とパラレル？

「双方が合意して統一することにすれば、アメリカは反対できない」。この理屈は、台湾の場合とパラレル（平行）である。

＊

アメリカは「ひとつの中国」の原則を認めてしまっている。中国の主張するように、台湾は中国の一部だ、ということである。そのうえで、平和的な手段によらない統一（軍事侵攻）に反対している。統一はよいとして、その手段にだけ注文をつけるかたちになっている。

あるとき私は、エズラ・ヴォーゲル教授にこう質問してみた。この考え方だと、アメリカは、中国と台湾は統一しましょうと双方の合意ができてしまった場合に、統一に反対できませんねえ。教授の答えは、そうですねえ、だった。ヴォーゲル教授はＣＩＡの仕事にも長年従事してきて、アメリカの東アジア政策に通じている。これがアメリカ政府内部のコンセンサスだ、と考えてよい。

中国はこれを見越して、統一工作を展開してきた。台湾の親中勢力がパワーを拡大し、親中政権が成立するようにと、いろいろ手を打ってきた。これまでのところ、あまりうまく行っているとは言えない。

アメリカの「平和的に話し合いで統一の合意ができれば、仕方がない」という態度は、平和的な合意にみせかけたさまざまな工作を誘発してしまう。あまり好ましくない。

＊

朝鮮半島の場合も、南北が話し合いで統一を合意すれば、アメリカはそれを阻止することがむずかしい。台湾の場合と同様である。

朝鮮半島は台湾と違う

このように似ているのだが、朝鮮半島と台湾は、だいぶ違ってもいる。

第一に、サイズの違い。中国は大きく、台湾は小さい。それに対して北朝鮮と韓国は、だいたい同じサイズである。

第二に、外交関係の歴史。片方がもう片方を呑み込む、という関係ではない。中華人民共和国（中国本土の政権）を承認した。アメリカはかつて中華民国（台湾）を承認していた。そのあと、中華人民共和国（中国本土の政権）を承認した。中国は共産党政権で、対する台湾は民主主義の政権である。それに対して北朝鮮を、アメリカは一度も承認したことがない。ずっと韓国を承認している。北朝鮮は社会主義体制の、権威主義的な独裁政権で、韓国は自由主義陣営の、民主的な政権である。

第三に、政治経験の差異。中国と台湾は、わずかな期間を除いて、政治的に一体であったことがない。台湾は日清戦争のあと日本に割譲され、まる半世紀のあいだ日本の一部だった。そのあと国民党の統治する中華民国となり、今日に至っている。いっぽう北朝鮮と韓国は、一九四五年まで政治的に一体だった。そのあとになって、分断された。双方の同質性が高い。

第四に、政治情勢の差異。台湾には中国に呼応する政治勢力がない。中国が共産党なのに対して台湾は国民党。その後、国民党と民進党の二大政党が政権を交代で担っている。国民党は、外省人（国共内戦を機に大陸から台湾に移った人びと）の政党だったので、本省人（もとから台湾に居住する人びと）を基盤にする民進党よりも中国共産党と通ずる部分がある、ともみられる。けれども台湾の人びとは、中国本土と同じ民族であるという意識がますます稀薄になっている。いっぽう韓国には、北朝鮮に呼応する一定程度の政治勢力がある。社会主義に共鳴し民族統一を念願する人びと、いわゆる左派である。

北朝鮮の目論見

北朝鮮は、ひとつの民族、ひとつの祖国を旗印に、韓国とどんな合意をするつもりだったのか。

合意することが最優先で、そのなかみはどちらかと言えば後回しだった。そして、どうしても合意しようというほど熱心でもなかった。そのほんとうの狙いを探ってみれば、

・統一が実現すると、休戦状態が終結し、国連軍（アメリカ軍）が撤退する。
・朝鮮労働党や朝鮮軍や秘密警察はそのまま温存しておく。
・統一してしまえば、あとは朝鮮の国内問題なので、北朝鮮のやり方を強引に韓国側に押しつけてしまえる。
・こうして北朝鮮主導の統一が実現するあいだ、アメリカは口出しできない。

こんなふうに考えていたのではないか。

どうせあとで、思うとおりに統一朝鮮をつくり変えてしまうのだから、最初の合意の細かな点にあまりこだわらなくてもいい。だから北朝鮮の提案は過去、けっこうころころ変わった。どのみち、アメリカの警戒を解くことはできなかったが。

*

そうこうするうち、韓国はみるみる経済成長をとげ、先進工業国に生まれ変わった。それにひきかえ北朝鮮の経済は、じり貧の一途をたどり、とても統一どころではなくなってきた。韓国は、北朝鮮を背負い込むのは負担が大きすぎると尻込みし始め、統一に向けた熱意が冷めて行った。

2　金正恩の決断

韓国と戦えば勝てる

ではなぜ金正恩《キムジョンウン》は、急に最近、これまでの平和統一の政策を変更したのか。

韓国との戦争を決意したから。武力による半島の統一を決意したから。そのためには、従来の「平和統一」路線をそのままにしておくのは邪魔になるから。――こう考えたからだとみるとすっきり説明がつく。

金正恩が態度を変えたのは、北朝鮮が戦力を強化し、韓国と戦えば勝てると自信を深めたからである。

北朝鮮が韓国と戦って、実際に勝てるのかは疑問である。でも金正恩は、部下の報告を聞き、手許のデータをもとに、実際に勝てるだろうと自分で考えた可能性が高い。いや、勝てません、と止める人間が周囲にいなかった。

どうしてそう考えたのか。

ふつうに戦った場合

まず、軍事の原則から。

陸戦の勝敗は、兵力（人数）、装備（武器が最新式かどうか）、練度（訓練をよくしたかどうか）、に左右される。装備も練度もだいたい同じなら、兵力（人数）によって勝敗が決する。クラウゼヴィッツの『戦争論』以来の鉄則だ。

この原則によるなら、兵力が相手の二倍であれば、まず負けない。相手の一・三倍であっても、勝てる確率が高い。

北朝鮮と韓国は地続きなので、陸軍はそのまま相手側に進攻できる。朝鮮戦争のときもスクラムを組んだような力戦になった。

奇襲攻撃をかけた場合はどうか。最初のうちは奇襲をかけた側が優勢である。相手は不意を突かれて、態勢が整っていないからだ。しばらくすると、その優位は失われる。

北朝鮮と韓国は、装備がだいたい同じなのか、練度がだいたい同じなのか、よくわからない。北朝鮮は石油が足りなくて訓練が足りないとか、装備が旧式だとか、よく聞く。だから実戦で弱いかもしれない。でもそんな予測は、あてにならない。ウクライナ戦争では何十年も前の野砲や戦車が前線で、けっこう役に立っているではないか。

＊

結論として。北朝鮮と韓国が戦えばどうなるか、戦ってみなければわからない。特に、北朝鮮が奇襲攻撃をかけた場合、北朝鮮が韓国を圧倒して有利に戦いを進める可能性がある。少なくとも、最初のうちは。

韓国の反転攻勢

韓国には、自分から北朝鮮に攻め込む動機がまるでない。

韓国軍はだから、北朝鮮が攻めて来たら反撃しようと、位置についているだけだ。専守防衛である。

いっぽう北朝鮮軍は、韓国に攻め込む動機が十分にある。だからもし、両国のあいだに戦争が起こるとしたら、北朝鮮が韓国に不意打ちをかけて軍事衝突になるケースだろう。北朝鮮は、開戦のタイミングを選べる。そして、もしも開戦すると決めたら、その意図とタイミングを秘密にするだろう。秘密にしておくと、不意打ちの効果が高いからだ。

*

不意打ちの奇襲攻撃は、不意打ちする側に主導権がある。意図する戦域に戦力を集中して、準備の整わない相手側の目標を自在に攻撃できる。

奇襲攻撃が始まったあとは、韓国側も、かねて準備してあった作戦計画にしたがって態勢を整え、反撃に移るだろう。とりわけ北朝鮮は、航空戦力が劣勢である。北朝鮮上空の制空権を確保するのさえむずかしい。北朝鮮の地上軍は、航空戦力の支援なしに行動しなければならないのである。

これはどれぐらい致命的だろうか、実際に戦争が始まってみないと何とも言えない。ともかく、奇襲攻撃を受けた韓国は、かねての計画どおりに反撃を開始するだろう。そして、空軍力も総動員して、反転攻勢を成功させようとするだろう。

核保有国は負けない

以上は、通常戦力による軍事衝突の場合である。

通常戦力による戦争は、一進一退を繰り返しながら、やがて時間の経過とともにどちらが勝勢でどちらが敗勢かはっきりしていく。通常戦力の優劣に応じて、勝ち負けが決まるのである。

では、核保有国と核をもたない国とが、通常戦力による戦争をしたらどうか。

過去、そうした例は多くない。あえて似た例を探すと、以下のようである。

（1）大東亜戦争　……日本とアメリカが戦った。双方とも通常戦力で戦い、アメリカが通常戦力で勝勢となった。戦争の最終局面でアメリカが原爆を開発して核保有国となり、実戦に使用して勝利を決定づけた。

（2）朝鮮戦争　……韓国＋アメリカ（国連軍）と、北朝鮮＋中国（義勇軍）が戦った。

アメリカは核保有国だったが、核兵器を使わなかった。はっきり勝敗がつかずに休戦した。

（3）ベトナム戦争　……北ベトナムとアメリカが戦った。アメリカは核兵器を使わなかった。ベトナムが実質的に勝利した。

（4）中越戦争　……中国とベトナムが戦った。中国は核保有国だったが、核兵器を使わなかった。ベトナムに攻め込んだ中国が敗北して退却した。

（5）湾岸戦争、イラク戦争　……アメリカ（ほか多国籍軍）がイラクと戦争した。アメリカは圧倒的な通常戦力で勝利をおさめた。

（6）ウクライナ戦争　……ウクライナとロシアが戦った。ロシアは核保有国で、核兵器を使うと脅しているが、使っていない。戦争は進行中で（二〇二四年七月現在）、膠着状態である。

このうち（1）の大東亜戦争は、日本に核兵器がなかったから、反撃の恐れがなく、アメリカは安心して原爆を投下できた。（2）の朝鮮戦争は、中国にはまだ核兵器がなかったが、核保有国であるソ連の本格的介入を心配しなければならなかった。マッカーサーは原爆の使用を提案して更迭《こうてつ》された。（3）、（4）は核保有国が通常戦力で敗れた例である。

*

北朝鮮が参考にするのは、（6）のウクライナ戦争だろう。

ロシアが、ウクライナ領のクリミア半島を併合しても、NATOも西側諸国も黙っていた。ウクライナ東部のロシア系「共和国」の独立を画策しても、介入しなかった。ロシアがウクライナに本格侵攻しても、NATOなど西側諸国の支援は限定的だった。ロシアとの直接対決（核戦争）を恐れたからである。

核兵器があれば、核のない国と通常戦力で自由に戦争ができる。ウクライナ戦争の教訓である。

▲攻撃を受けたウクライナの集合住宅　写真：EPA＝時事

ハマスのテロ戦争

もうひとつ、金正恩が大いに参考にしているに違いないのは、ハマスのテロ作戦だ。

ハマスの部隊はガザ地区の境界を越えてイスラエル側に侵入し、民間人を無差別に殺害したり、人質として連行したりした。違法なテロ組織だから、こういう作戦がとれる。北朝鮮軍は正規軍なので、こういう無茶はできない。でもヒントになったに違いない。

どういうことか。

正規軍は民間人を「人質」にとることはできない。だが、それと似たようなことはできる。北朝鮮軍が韓国に侵入して、ある地域を制圧したとする。国際法上、これは戦争だ。（北朝鮮も韓国も国連に加盟しているので、内戦だとするわけにはいかない。）その地域を制圧した北朝鮮軍には、民間人（韓国の公民）を保護する義務がある。危険な戦闘地域に立ち入らないように行動の自由を制限し、安全な区域に身柄をとどめておくことができる。自由な移動を制限する。実質的には、人質とそんなに変わりがない。これを交渉の材料に使うことができそうだ。すぐに身柄を解放しろと韓国側が要求しても、あれこれ理屈をつけて交渉を長引かせる。金正恩の作戦リストに、このやり方も書き加えられたはずである。

アメリカは介入しない

北朝鮮は、一九九〇年代から続けてきた核開発計画を完了して、れっきとした核保有国になったと自信を深めている。そして、核戦略を完成させている。

その戦略は、アメリカの軍事介入を排除することだ。アメリカが軍事介入しなければ、北朝鮮と韓国の一騎討ちになる。北朝鮮に勝ち目が出てくる。

*

なぜ金正恩は、北朝鮮が韓国に軍事侵攻しても、アメリカは軍事介入しないだろうと確信するのか。それは、北朝鮮がアメリカに対して、十分な核抑止力を手にしたからだ。

「核抑止力」とは、核戦争で相手国に勝利することではない。**核戦争になった場合、とうてい甘受できないほどの被害を与えるぞと相手に予測させる**（だから相手は、核戦争をしないことを選択する）ことである。要するに、北朝鮮が、核戦争で相手と刺し違える用意ができていること。そうすれば、相手をひるませることができるのだ。

核抑止力は、つぎのように働く。

北朝鮮の核戦力

北朝鮮の核戦力は、おおよそつぎのようである。

・核弾頭をおよそ百個、配備している。小型化した核弾頭もあると思われる。

・大陸間弾道ミサイル（ＩＣＢＭ）を配備している。アメリカ東部を射程に収める。

・中距離と短距離の弾道ミサイルを配備している。グアムや嘉手納《かでな》を射程に収める。
・潜水艦発射型の弾道ミサイルの発射実験に成功しているともいう。
・巡航ミサイルを配備している。これらは韓国や日本を射程に収める。
弾道ミサイルは、大気圏に再突入するところがむずかしい。それも技術的にクリアしたともいう。

*

この結果、北朝鮮が手にした核攻撃のオプションは、つぎのようである。
・アメリカのニューヨークやワシントンを、いつでも核攻撃できる。
・グアム島やハワイや嘉手納基地を、いつでも核攻撃できる。
・韓国の主要都市を、いつでも核攻撃できる。
・日本の主要都市を、いつでも核攻撃できる。
・北朝鮮が核攻撃されても、海洋に隠れた潜水艦からアメリカを核攻撃できる。
これは、ほぼ完全な核報復能力だと言ってよい。
かつて核兵器は、固定した発射基地から発射されていた。場所が固定されているから、相手国の先制攻撃によって、全滅させられる可能性がある。そこで、移動式の大型トレーラー

▼北朝鮮の主なミサイル

分類（射程km）	液体燃料	固体燃料	攻撃対象
短距離弾道ミサイル SRBM（1000未満）	火星5（スカッドB）（300） 火星6（スカッドC）（500） スカッド改良型（不明）	KN-23（600+） KN-24（400） KN-25（400） 新型SRBM（「核弾頭重量2.5t」）（600） 鉄道発射型（KN-23系列）（750+）	主に韓国 （西日本の一部）
準中距離弾道ミサイル MRBM（1000以上3000未満）	火星9（スカッドER）（1000） 火星7（ノドン）（1300-1500）	北極星2（1000+）（北極星の地上発射型）	主に日本
中距離弾道ミサイル IRBM（3000以上5500未満）	火星10（ムスダン）（2500-4000） 火星12（5000）		米領グアム
大陸間弾道ミサイル ICBM（5500以上）	火星14（10000+） 火星15（12000+） 火星17（15000+）	名称不明の新型（2023年2月8日の軍事パレード）	米本土
潜水艦発射弾道ミサイル SLBM		北極星（1000+） 北極星3（2000） 北極星4 北極星5 新型SLBM（KN-23系列）（600）	日韓、いずれ米本土
極超音速ミサイル	火星８（不明） 名称不明のミサイル（北朝鮮発表700-1000） ※1段目ブースターは火星12ベースの可能性		

出典：井上智太郎『金正恩の核兵器――北朝鮮のミサイル戦略と日本』
ちくま新書、2023年、174頁

から発射する方式に変わった。移動式のトレーラーはいつも場所を変えているので、先制攻撃で残らず破壊するのがむずかしい。北朝鮮の核戦力を安全に取り除く方法はないということだ。そのほか、どこまで技術が完成しているかわからないが、潜水艦から核弾頭を搭載した弾道ミサイルを発射することもできる。アメリカの近海から発射すれば、確実に核弾頭を目標に撃ち込むことができる。

核戦争に勝者はいない

全面核戦争には勝者はいない。相手国より自国のほうが核ミサイルをたくさん撃ったとか、多くの被害を与えたとかは関係ない。自国が深刻な被害を受けてしまえば、それでおしまいだ。もう立ち直れなくなる。

だから、核抑止力として必要なのは、相手国よりも強力な核戦力ではない。相手国から先制攻撃を受けても、生き残った核兵器で相手国に十分な打撃を与えることができる、反撃能力である。

*

これは、冷戦時代のＭＡＤ*（相互確証破壊 mutual assured destruction）とよく似ている。でも微妙に違う。

「十分な反撃能力」は「相互確証破壊」よりもハードルが低い。かりにアメリカが北朝鮮に先制攻撃を仕掛けても、北朝鮮がそれをくぐり抜けて、ほんの数発でも核ミサイルをアメリカに撃ち込むことができれば、アメリカの被害ははかり知れない。先制攻撃をアメリカに思い止まらせるのに十分だ。

両国の政治体制が違うことも、関係がある。アメリカは民主主義の政治体制で、政府は人民の安全と幸福に責任がある。迎撃できなかった核弾頭が一発、ニューヨークに落ちました、は許されない。これに対して、北朝鮮は権威主義的な独裁国家。原爆を落とされても、原爆を落としたアメリカが悪い、と責任を相手に転嫁するだろう。これで政権がもってしまう。だから大胆な戦略を採用することができる。

北朝鮮はこの意味で、十分な核抑止力(アメリカへの反撃能力)を手に入れた。そう考えて、北朝鮮は、韓国との対話による平和統一路線を引っ込め、韓国との軍事対決に方針を改めたのである。

---

*MAD……核を保有する二国の双方が、たとえ核先制攻撃を受けても、相手国に対して甚大な損害を与えるだけの確証破壊能力を有している状態。冷戦期、米ソは互いに報復を恐れ、結果として核戦争の抑止につながった。

3　金正恩の生き残り戦略

戦争を決意した

北朝鮮は、韓国を攻撃する準備を進めている。

なぜか。念のため、もう一度確認しておく。北朝鮮が韓国を攻撃しても、アメリカが軍事介入できなくさせるのに十分な、核抑止力を手にしたから。そして、アメリカが軍事介入しないなら、韓国を攻撃することが合理的だからだ。

北朝鮮は、核保有国である。核をもたない韓国を、安心して攻撃できる。通常戦力による攻撃だ。そして、反撃が本格的になる前に、すみやかな休戦を目指す。できればそれまでに、韓国の領土の一部を占領してしまえるなら好都合だ。その地域の住民を支配下に置けるとなおよい。

領土や住民を支配下に置いていると、休戦交渉を有利に展開できる。韓国は、アメリカの応援がなければ、勝ち切るのはむずかしい。日本は、朝鮮半島の地上戦に、介入するのがむずかしい。それやこれやで孤立気味の韓国から妥協を引き出せそうだと、北朝鮮が考えるとしても不思議でない。

金正恩の優先順位

そもそも北朝鮮は、なんのために韓国と戦争をするのだろうか。それは、現状よりもっと望ましい状態を実現するためだ。

金正恩の考える政策優先順位は、つぎのようであろう。

第一に、**金王朝のいまの体制を維持する。**北朝鮮の特権層の生命・安全・財産を守る。言うなれば「国体を護持する」である。

第二に、朝鮮半島を統一する。**北朝鮮の主導権で、韓国を吸収合併する。**韓国の資本と技術を手に入れてしまう。

こううまく行くとは限らない。けれども北朝鮮は、かなり本気でこの可能性を信じているふしがある。北朝鮮の地上軍の兵力は、韓国よりずっと多い。特殊部隊や落下傘部隊も準備が整っている。

すぐさま統一ができなくても、有利な条件で休戦協定を結べれば、北朝鮮の立場が強くなる。食糧援助や禁輸の緩和など、北朝鮮にメリットのある成果を獲得できれば、北朝鮮の人びとも核開発や軍事力の強化はやってよかった、と思うかもしれない。いっぽう韓国やアメリカの立場は弱くなる。

第三に、**核保有国としての地位をアメリカに認めさせ、国際社会に復帰する。**国際社会は、北朝鮮の核開発をストップさせようと、さまざまな制裁を科してきた。核保有国として認められるとは、そうした制裁を科されなくなるということ。北朝鮮には大きなメリットがある。

第四に、**日本と国交を結び、補償を受け取る。**日本は日韓基本条約を結んだ際に、相当な額の補償を韓国に提供した。北朝鮮は、これを上回る相当な額の補償を、日本から受け取る権利があると思っている。北朝鮮と韓国が休戦協定を結ぶなら、北朝鮮は日本とも国交を回復し基本条約を結ぶことを求めるだろう。

韓国と戦争して勝利するなら、以上の四つの政策目標を、すべて実現できるかもしれない。

*

かりに韓国と戦争して、通常戦力で圧倒されてしまったとしても、北朝鮮には核兵器がある。引き分けに持ち込めるはずだ。

北朝鮮が韓国に、核兵器を使用したとして、アメリカは、北朝鮮に核兵器で反撃するだろうか。反撃しないだろう。なぜなら、アメリカが北朝鮮に核兵器を使えば、北朝鮮は確実にアメリカ本土に核ミサイルを発射する。そのようにアメリカが信じて、恐れているからだ。

北朝鮮は、こう確信しているから、いざとなれば韓国に核兵器を用いる可能性が高いのである。

＊

金正恩の生き残り戦略

北朝鮮が恐れているのは、金正恩の標的殺害（暗殺）である。

標的殺害（targeted killing）とは、最近アメリカが多用している作戦だ。無人ドローンなどから発射する特別なミサイルで、目標となる重要人物を殺害する。ピンポイントで攻撃するので、巻き添え被害が少ない。そのため、採用しやすい作戦となっている。

金正恩が韓国を攻撃すると決めた。しかも、核兵器を用いることをためらわない。アメリカがこのように分析した場合、金正恩を標的殺害で排除する可能性はあるか。可能性は十分ある、と考えなければならない。放置した場合に想定される被害を考えれば、金正恩を殺害するメリットがきわめて大きいからだ。

北朝鮮は、国全体がシステムとして動いているから、金正恩ひとりを殺害しても、戦争や核攻撃の危険を排除できるわけではない。とは言え、独裁者の標的殺害は、試してみる価値があるとアメリカは考えるかもしれない。アメリカにはその能力がある。米韓合同軍事演習のたびに、独裁者を排除する作戦もこれみよがしに行なわれている。金正恩は、警戒を深めているはずだ。

暗殺されない工夫

では具体的に、どうやれば、暗殺を防ぐことができるのか。

第一に、居場所をさとられないこと。毎朝決まった時間に近所を散歩したり、移動にいつも同じルートを通ったりして、行動パターンを読まれるのは禁物だ。場所と時刻が両方特定されてしまうと、殺害されやすい。複数の潜伏先を、不規則に移動するのが基本である。

最近は平壌《ピョンヤン》にいる場合、地下深くの防空壕のような設備のなかで過ごしているだろう。気が滅入るはずだ。地下五〇メートル程度の壕に隠れていても、それを貫通する性能の弾頭をつけた精密誘導ミサイルで狙われたら、たぶん命はない。ストレスが積もる。

第二に、身辺警護の人びとを信用しすぎないこと。独裁者は奇襲にそなえて、護衛部隊を抱えているものである。護衛部隊は、独裁者の身柄（場所と時刻）について正確な情報を掴みやすい。護衛部隊を幾組かつくりランダムに交代させるなど、彼らにも詳細を事前に知らせず、護衛部隊を通じて情報が漏れないように警戒する必要がある。

第三に、場所と時刻を特定されやすい公の活動に注意すること。たとえば、軍事パレードの観閲などである。何日の何時何分から何時何分まで、観閲台の壇上に立っていることがはっきりしていれば、精密誘導弾で狙われる可能性がある。ここ数年、北朝鮮は、軍事パレードを夜間に行なうようになった。夜間であれば、上空から監視されにくく、そのぶん安全である。暗殺の危険を回避するためと思われる。

第四に、後継者を明らかにすること。娘の金ジュエを数年前から、公開の場に連れ回している。息子がいるのではという憶測もあったが、いないようだ。彼女が長女であろう。まだ一〇歳そこそこの娘を公共の場にひっぱり出すのは、後継者の存在を早めに印象づけるためである。

後継者の存在が明らかなら、暗殺しても体制が揺るがないと思わせることができる。

金正恩自身の健康不安を深刻視しているのかもしれない。

＊

金正恩が急死した場合、妹の金与正《キムヨジョン》が一時的に権力を継承すると思われる。

その場合の家族の安全を、金正恩の妻の李雪主《リソルチュ》が心配しているのをなだめるため、とする説もある。かりにそうだとしても、金与正と金ジュエのあいだに将来、権力の角逐《かくちく》が生じることになるのは間違いない。

＊

暗殺は、体制を崩そうという狙いで行なわれる。後継者がしっかりしていれば、暗殺の危険はそのぶん小さくなる。

金正恩はそれだけ暗殺を恐れている。暗殺されても当然なほどの、危険な行動をとろうとしていると自覚しているということである。

4　北朝鮮の必勝シナリオ

ソウルが火の海に？

では実際に、北朝鮮はどのように韓国を攻撃するのか。

ロシアによるウクライナ侵攻の場合と比較してみよう。

＊

ウクライナは広い。韓国は、ウクライナにくらべて狭い。

ウクライナの首都キーウは、ロシアから遠い。そのためキーウを目指す部隊は、ベラルーシにまず集結し、そこから国境を越える最短のルートを選んだ。ウクライナ東部の戦線は、これと別に設定された。

韓国の首都ソウルは、北朝鮮から近い。三八度線からわずか五〇キロメートルほどしか離れていない。近すぎる。長距離砲の射程圏内である。

北朝鮮は何かにつけて、ソウルを火の海にする、と警告する。口から出まかせを言っているわけではない。北朝鮮は十分に、その能力をもっている。

一九九四年の危機

一九九四年、アメリカ軍は北朝鮮に攻撃を仕掛ける瀬戸際だった。現地の司令官は、戦争の可能性は五分五分以上だ、と考えていた。（五年後の講演で、そう話していた。）
北朝鮮は当時、核施設を拡充し、核兵器開発への道筋を整えつつあった。これを止めるには、戦争を覚悟して制裁を加えるしかない。

……北朝鮮は、「制裁が行なわれれば、即戦争だ」と脅かした。国防総省で試算したところ、戦争になると、死傷者は米軍が五万二千、韓国軍が四九万にものぼるとみられた。それでもクリントン政権は、制裁もやむなしと考えるようになっていた。制裁は、三〇日の予告期間のあと、武器禁輸。つぎに送金停止と石油禁輸、最後は海上封鎖という段取りである。

（『こんなに困った北朝鮮』一六六頁）

カーター元大統領が仲介に動いて、戦争が回避されたのは、すでにのべた通り。でも北朝鮮は制裁がないのをいいことに、合意を覆して核開発を続け、結局、核保有国となってしまった。

一九九八年の戦争シナリオ

九〇年代、北朝鮮は核兵器をもっていなかった。戦うとすれば、通常戦力である。核兵器をもつアメリカを向こうに回して、どんな作戦が可能か。おおよそこんな感じである。

キム・ミョンチョル『金正日　朝鮮統一の日――北朝鮮　戦争と平和のシナリオ――』（光人社、一九九八年）によれば、北朝鮮の奇襲攻撃は、つぎのようになるだろうという。著者キム氏の素性ははっきりしないが、北朝鮮当局とつながりの深い人物とのことである。

●開戦一～二日目

一万門以上の長距離砲、ロケット砲が一斉に火を吹き、ソウル市、仁川市をはじめ、軍事境界線から六〇キロ以内の主要拠点を破壊する。数百発の弾道ミサイルが発射されて、韓国全土の主要拠点を破壊する。ミサイル攻撃が終了すると、人民軍の空軍部隊が、ミサイルの撃ちもらした軍事基地、戦略拠点を空襲する。在韓米軍、韓国軍の主力は大打撃を被る。

●開戦二～三日目

朝鮮海域に出動した米第七艦隊の空母機動部隊は、人民軍空軍機およびミサイル高速艇の発射する対艦巡航ミサイルの攻撃を受けて、撃沈される。人民軍の潜水艦も攻撃に加わる。機雷を敷設して日本海を封鎖する。一〇万人の特殊部隊が、陸海空から韓国に侵入し、残存する在韓米軍、韓国軍部隊を無力化する。

●開戦四～七日目

機甲部隊を先頭に地上部隊が南下を開始する。地下革命組織が人民委員会を組織、新韓国政権を樹立する。

●開戦八日目

統一政権の樹立が宣言され、金正日が統一朝鮮政府の最高指揮者に就任する。中国、ロシアが政権を承認する。金正日はアメリカに、平和協定と外交関係樹立を求める。

●開戦九日目

アメリカが戦争を継続するなら、全面核戦争となる。アメリカ本土も核攻撃の対象となり、日本も核の惨禍を被る。アメリカはよく考えたすえ、戦争継続を断念する。

なお、キム氏は、巡航ミサイルや空軍機によって米軍が反撃しても、北朝鮮人民軍は堅固な地下要塞に潜んでいるため、無傷であるとしている。

（『こんなに困った北朝鮮』一五一～一五三頁）

以上のシナリオは、およそ二五年前に私の書籍で紹介したものだった。北朝鮮は主に通常戦力で侵攻する。米本土や日本を核攻撃することになっているが、ハッタリだろう。

長距離砲の充実

二五年前のシナリオでみると、北朝鮮は開戦の一日～二日目に、ありったけの大砲を撃ちまくることになっている。照準がついているわけでも、精密誘導弾でもない。射程も六〇kｍ程度にすぎない。

いまこんなやり方をすれば、アメリカ軍や韓国軍にすぐさま発射地点を特定され、精密誘導弾で反撃されてしまう。岩山の地下壕に大砲が隠されているというが、それは動けないという意味で、かえって弱点である。それに、岩山に隠れていても、最近はドローンがあるので、開口部から入り込み、そこで爆発して内部を破壊できる。北朝鮮の攻撃力は万全とは言えない。

＊

朝鮮中央通信は二〇二四年二月一二日、国防科学院が新たに開発した240mm誘導ロケット砲弾の試射が十分な精度を示したと伝えた。この砲弾については昨年八月、金正恩総書記が軍需工場を見学した際にも言及していた。

コリア・レポートの辺真一《ピョンジンイル》氏によると、北朝鮮の放射砲には二〇一〇年に韓国の延坪島攻撃で使用された120mm砲（射程二〇km前後）のほか240mm砲（射程六五km前後）、300mm砲（射程二〇〇km前後）、さらに超大口径放射砲と称されている600mm砲（射程二〇〇〜四〇〇km）がある。

北朝鮮の火砲の戦力は、射程や精度の点で、いちじるしく増強されつつある。

これを踏まえると、いま北朝鮮が韓国に侵攻する場合、一九九八年のシナリオよりも一段と激しい砲火を浴びせてくるだろうと予想できる。

七日戦争作戦計画

二〇一二年八月には、「七日戦争作戦計画」なるものが作成されたという。金正恩政権が正式に発足した当初である。

この作戦計画は、

・第一段階　奇襲攻撃を加える。
・第二段階　全面戦争に拡大させる。
・第三段階　核、ミサイルなどの大量破壊兵器で、総攻撃する。
・第四段階　特殊部隊を投入する。
・第五段階　一～二週間で、アメリカの支援部隊が到着する前に、戦争を終結する。

のようになっている。

北朝鮮は、機先を制するため、初日にソウルや周辺など首都圏に砲火を集中し、核ミサイルなどの戦力で韓国軍を圧倒し、三日間で首都圏を制圧するのだという。

奇襲攻撃から始まるところ、あとから特殊部隊を投入するところ、短期決戦で、アメリカの軍事介入を避けるところ、はこれまでと同様である。第三段階で、核やミサイルなど大量破壊兵器で総攻撃する、としているところは、これまでより一歩踏み込んでいる。

＊

時期から考えて、計画のなかみは、前政権のもとで作成されたものだ。金正恩政権はこれを改定し、また改定し、……を続けているはずだ。

在韓米軍をどうするか

韓国とアメリカは、米韓相互防衛条約を結んでいる。アメリカは韓国を、外敵の侵攻から防衛する義務がある。そのために韓国に、在韓米軍が駐留している。

北朝鮮が韓国に侵攻した場合、在韓米軍はただちにこれに応戦する。砲撃があった場合には、火砲そのほかで反撃する。地上軍が侵攻してきた場合には、在韓米軍の地上兵力が（韓国軍と共同で）応戦する。

在韓米軍はどうしても、北朝鮮との戦争に巻き込まれるということである。当然、在韓米軍にも犠牲者が出るであろう。アメリカの世論はどう動くか。

＊

米軍基地が一方的に攻撃され、アメリカ兵が死傷したとなれば、なにもせずにいることはできない。北朝鮮に対する反撃を、世論は要求するだろう。アメリカ軍は、北朝鮮と戦争状態に入る。在日米軍基地のアメリカ空軍も、出動態勢に入る。朝鮮半島に近い海域のアメリカ海軍艦船も、出動態勢に入る。

北朝鮮は、一週間以内、すなわちアメリカの本格的な軍事介入が始まる前に、韓国の全域を制圧するとしている。楽観的すぎる予想だと思う。実際には、アメリカ軍の即応能力が高くて、北朝鮮領内の火砲や軍事目標に対して、迅速で強力な攻撃が行なわれるのではないか。たとえば、嘉手納基地や半島周辺の空母から、戦闘機による波状の爆撃が行なわれる、など。

*

そこで北朝鮮は、初期の攻撃を韓国軍と韓国の戦略目標に限定し、在韓米軍を攻撃しないことにするかもしれない。

北朝鮮の奇襲攻撃が始まり、ソウルや首都圏に火砲の着弾が集中した。韓国軍の空軍基地やレーダーサイト、指揮所なども、攻撃された。でも、アメリカ軍基地や駐留米軍の施設は攻撃されない。韓国軍を攻撃するが、アメリカ軍は攻撃しない、だ。

アメリカ軍はどうするか。米韓相互防衛条約にもとづいて、北朝鮮に反撃する。アメリカ軍の将兵に死傷者が出たからではない。防衛条約の義務にもとづいて参戦するのだ。

すると北朝鮮軍は、アメリカ軍に反撃するかもしれない。でもその反撃は、アメリカ軍に攻撃されたから仕方なく反撃します、と言わんばかりで、かたちだけ。攻撃の中心は相変わらず韓国軍に向いている。

するとアメリカの世論は、微妙になる。これは北朝鮮と韓国の戦争だ。アメリカが巻き込

▲韓国・板門店を警備する米兵　写真：EPA＝時事

まれる理由はない。なにしろ北朝鮮は核保有国だ。不必要に刺戟《しげき》することはない。——こんな消極的な意見も出てくるかもしれない。

韓国にとって、これは由々しい事態である。米韓相互防衛条約が空洞化してしまう。北朝鮮にとって、これは好ましい傾向である。アメリカ軍は、北朝鮮が韓国を本気で攻撃しても、軍事介入をためらうかもしれない。

＊

在韓米軍は条約上の義務として、三八度線の近くに基地を構えて駐留している。けれども、南北の軍事衝突に巻き込まれて死傷者が出るといけないので、もっと南に下がるか、人数を減らすか、基地をなくして有事に進駐することにするか、とにかく関与を減らすべきではないか。有事の際に、韓国軍とアメリカ軍の指揮系統をアメリカ軍に一元化することになっているが、これもやめて、韓国軍はあくまで韓国軍として戦うことにしてはどうか。こういう選択肢がときどき議論されてきた。もともとアメリカ軍は、韓国に対して腰が退けているともみえるのだ。

戦場の裏のかけひき

こういう力学を考えるなら、北朝鮮は攻撃を韓国に集中し、在韓米軍はあえて攻撃対象にしない可能性もある。アメリカの世論を刺戟しないためだ。

北朝鮮は核武装している。北朝鮮と戦争になると、アメリカは大きすぎるリスクを背負うことになる。アメリカはそのことをわかって、こっそり戦略の優先順位を変えている可能性がある。その機微を、必ずしも韓国に説明しているとは言えない。北朝鮮は、そう踏んでいるかもしれない。

＊

在韓米軍は現場の部隊なので、米韓相互防衛条約にもとづいて、自動的に防衛義務を果たそうとする。

けれどもアメリカ軍の全体をコントロールするのは、本土の国防総省の参謀部（統合参謀本部）である。そして、ホワイトハウスである。空母打撃群が出動するかしないか、どういう作戦行動をとるか。北朝鮮に対する空爆をどういう規模で、どのように行なうか。北朝鮮の中枢（とくに金正恩）に対する攻撃を、どう実行するかしないか。これらは、軍事の問題である以上に政治の問題だ。そして政治家は、アメリカの国益とアメリカ市民の安全を念頭に置いて、意思決定を行なうだろう。北朝鮮との駆け引き（ディール）の余地が出てくる。

最新版・金正恩の必勝シナリオ

以上を踏まえて、北朝鮮はどういう作戦を立てるだろう。

もともと北朝鮮は、韓国に攻め込めば、短期間で勝てると考えていた。亡命した黄長燁《ファンジャンヨプ》*の、それを裏付ける証言もある。ただ、アメリカが軍事介入すれば、勝利は覚束なくなると考えてもいた。だから、奇襲攻撃と短期決戦を強調していた。大東亜戦争を開始した日本軍と同じ考え方である。

北朝鮮は、核保有国になった。この条件を最大限に利用して韓国に戦争を仕掛けよう。その必勝のポイントは、アメリカの軍事介入を排除することである。それは、こんな作戦計画になるはずだ。

●開戦一日目〜二日目

三八度線の北側から、220mmの誘導弾や巡航ミサイル、そのほかの火砲を総動員して、ソウル「周辺」を集中攻撃する。

ソウルと外部を結ぶ橋、高速道路、鉄道、送電線、水道やガス、通信網、……を集中的に破壊して、ソウルを孤立化させる。

●開戦一日目～

韓国軍の基地を巡航ミサイルや誘導弾で攻撃する。特に滑走路や管制塔などを破壊して、韓国空軍が出撃できないようにする。滑走路はすぐ修復されるので、繰り返し攻撃する。

在韓米軍の基地を巡航ミサイルや誘導弾で攻撃する。特に滑走路や管制塔などを破壊して、在韓米軍の航空戦力が活動できないようにする。ただし、アメリカ軍の死傷者が出ないように、目標を厳選する。

滑走路を破壊して飛行機を離陸できなくするのは、北朝鮮の火砲が爆撃されずに攻撃を続けられるためである。また、北朝鮮の地上軍が、予定どおりに行動できるためである。

●開戦一日目～

特殊部隊の数万人が秘密の地下通路や落下傘降下などの手段で韓国領に侵入し、一〇万人

＊黄長燁……一九二三年生まれ。北朝鮮の思想家、政治家。朝鮮労働党の指導思想である「主体思想」を理論化した。金日成・金正日の側近だったが、一九九七年に韓国へ亡命。二〇一〇年、韓国で逝去。

規模の地方都市を制圧・占領する。防御陣地を構築して韓国軍の反撃を阻止し、住民をいわば人質のようにして、休戦交渉を有利に進める材料とする。

●開戦一日目～
大規模なサイバー攻撃によって、韓国軍や在韓米軍、韓国政府、韓国の主要ネットワークなどを機能不全に陥れる。

●開戦数日目～
北朝鮮の戦車や装甲車などの機甲部隊を先頭に、陸軍部隊が三八度線を越えて侵攻を開始する。一週間で韓国全土を制圧するのは無理なので、ごく一部地域を制圧することを目標とする。

●開戦数日目～
北朝鮮は外交ルートを通じて、停戦と南北和平協議機関の開設を韓国に呼びかける。和平協議機関は北朝鮮と韓国だけが参加し、アメリカは加わらない。呼びかけに応じなかったり条件が折り合わなかったりした場合、北朝鮮は韓国にその責任があると非難する。

停戦し和平協議が始まると、北朝鮮は、無理難題を持ち出して交渉を長引かせ、あるいは失敗に追い込む。無理難題とは、韓国は米韓相互防衛条約を廃棄せよ、北朝鮮に賠償金を払え、現状を新たな休戦ラインにせよ、在韓米軍は撤退せよ、韓国内に北朝鮮軍の駐留を認めよ、などである。

＊

以上は、短期決戦が、アメリカの軍事介入なしに、北朝鮮側に有利なかたちで終息するケースである。北朝鮮は、国内向けにこれを「勝利」と宣伝するであろう。韓国の面目はまるつぶれになる。同盟国を助けることができなかったアメリカの威信にも傷がつく。北朝鮮の政治的勝利だ。

うろたえるアメリカ

北朝鮮が韓国に奇襲攻撃をかける。アメリカは、いちおう想定していたとしても、相当に驚くはずだ。

アメリカは事前に、奇襲攻撃の動きを察知できるか。察知できると限らない。

いつ攻撃をかけるかは、北朝鮮の最高機密である。金正恩と、ひと握りの軍首脳らしか情報を共有していない。それ以外の人間は、誰も知らない。だから情報が漏れない。かりにスパイが入り込んでいたとしても、事前にキャッチできない。

奇襲が始まると、在韓米軍はすぐさま、事前のシナリオどおりに行動するだろう。それ以外のアメリカ軍は、空軍も海軍も、注意ぶかく様子を見守るだろう。そして、アメリカ政府の判断に従うだろう。空母がうかうかと朝鮮半島に近づくと、弾道ミサイルが飛んでくる可能性がある。北朝鮮の心臓部を空爆すると、ミサイルでアメリカ本土が攻撃されるおそれがある。そんな心配をしてまごまごしているうちに、北朝鮮の軍事作戦（第一波）が完了してしまう。

＊

アメリカは、核保有国となった北朝鮮が、通常戦力で本格的に韓国へ侵攻した場合にどう対応すればよいか、戦略がよく練られていない。

アメリカの優先順位は、つぎの通りだ。
（1）アメリカ本土の安全を守り、アメリカ国民の安全と生命を守る。
（2）同盟国の安全を守り、同盟国の市民の安全と生命を守る。韓国は同盟国。日本も同盟国である。台湾も同盟国に準ずる。
（3）国際法に違犯する国家や団体に反撃し、国際秩序を守る。

同盟国の安全や、国際秩序や国際正義が脅かされた場合、アメリカは正義を守るため、正しく軍事力を行使したいと思うだろう。アメリカ本土が安全である限りは。

これに対して北朝鮮は、軍事行動を起こす場合、必ずアメリカを脅迫する。軍事介入すると、アメリカ本土を攻撃しますよ。絶対にね。その能力はもっている。しかも、本当にやりかねない。

このように脅迫されれば、アメリカは、同盟国（韓国）の安全を保障し、同盟国を防衛するにしても、本気を出すことができなくなるかもしれない。北朝鮮の核戦力は、アメリカの世界戦略を歪めてしまうのである。

韓国の気がかり

北朝鮮の核戦力が現実の脅威となったことで、東アジアの軍事バランスは変化した。このことは、韓国も当然よく理解している。

そのためにいくつか、打つべき手は打った。文在寅《ムンジェイン》政権時代の日韓のいざこざや反目を取り除き、足並みが揃うようにした。米韓の軍事協力関係も、いっそう緊密にした。それでも、米韓のあいだに温度差があるのは仕方がないことなのだ。

北朝鮮が軍事行動を起こした場合、韓国は当事者である。韓国軍は、自国の領土と国民の安全を守り、外敵を排除するために全力を尽くす。韓国軍は、自国で戦うのである。いっぽうアメリカは、同盟国である韓国を助けて戦う立場。いわば助太刀である。本気で戦いはするのだが、本土を離れた外国での戦いである。全軍が全力で戦うのではない。状況によっては「戦い方ヤメ」で戦線を離脱する可能性がある。潜在的には。

この温度差を、韓国は気にせざるをえない。

＊

北朝鮮に侵略された。韓国は、アメリカ軍に全力で守ってもらいたい。だがアメリカはそこまで本気でないようだ。不満に思うのは当然だ。

その昔、アメリカ軍は絶大な軍事力を誇っていた。本気にならなくても、ちょっと力を貸すだけで相手を圧倒できた。韓国も余計な心配をしなくてすんだ。

朝鮮戦争のあと、強力な地上軍の侵攻に備えて、在韓米軍は戦術核兵器をいくつも半島に配備していた。北朝鮮軍は、核兵器をもっていない。いくら地上兵力で優勢でも、戦術核で反撃すれば、北朝鮮軍はひとたまりもない。北朝鮮軍は、対抗したければ、戦術核をソ連から借りてくるしかない。ソ連は貸してくれないだろう。軍事バランスは、米韓同盟に有利に保たれていた。

その後、世界戦略の変化にともなって、アメリカ軍は朝鮮半島の戦術核を残らず撤収した。それでもアメリカ軍は十分に強力なので、軍事バランスは保てると考えたのだ。

＊

いま北朝鮮は、戦術核を手にしている（たぶん）。短距離ミサイルと、小型の核弾頭をもっている。韓国全域がその射程に収まっている。

韓国軍は、戦術核をもっていない。

核保有国（北朝鮮）と非核保有国（韓国）との戦争では、韓国（と同盟国）はたとえ通常戦力で優勢であったとしても、勝利を収めることができない。北朝鮮に屈伏を強いるような決定的な戦果を収めようとすると、北朝鮮は戦術核で反撃してくるかもしれない。少なくとも、戦術核で反撃するぞ、と脅してくるだろう。北朝鮮は戦術核をちらつかせて、軍事的・政治的な圧力をかけ、屈伏をまぬがれようとする。韓国は、それに逆らって、北朝鮮に自国の意思を押しつける方法がない。

要するに、韓国は、勝てないということだ。

＊

軍事バランスが北朝鮮に傾いているとは、以上のようなことである。

これをバランスさせるのが、同盟国のアメリカのはずだ。アメリカは、戦略核も戦術核も備えている。中距離ミサイルを持たないのが弱点だったが、最近増産して、東アジアに重点配備をはかっている。

朝鮮半島で、北朝鮮と韓国のあいだで、通常戦力による戦闘が起こった。北朝鮮軍が優勢である場合、アメリカ軍はそれを押し返せるか。韓国軍が優勢で北朝鮮軍が劣勢である場合、それを後押しして北朝鮮の屈伏を決定的にすることができるか。要するに、核保有国のアメリカは、韓国が勝利を収めるのを保証できるのか。

北朝鮮は、アメリカの核の恫喝《どうかつ》を無効にしようとする。それには、アメリカを恫喝し返せばよいのだ。それは可能だ。北朝鮮に核兵器を使用してみろ。在韓米軍に対して核兵器を使用するぞ。アメリカ本土に核ミサイルを撃ちこむぞ。北朝鮮のような権威主義的独裁国家では、核の発射ボタンは、金正恩ひとりの手に握られている。金正恩が決断すれば、核ミサイルは飛んでくるだろう。冷戦時代のソ連の指導者に働いたような自制を、期待することはできない。そうなれば、アメリカの指導者は、最悪の状態を回避するように行動するほかない。つまり、**北朝鮮に恫喝されれば、アメリカは引き下がるしかない**、ということだ。

このように考えるなら、北朝鮮が屈伏するかたちで、軍事衝突が終息する可能性は少ない。韓国が屈伏するかたちで終息するか、北朝鮮と韓国がにらみ合った膠着状態のままになるか、ふたつの可能性が大きい。

＊

中国は当面、静観

アメリカは韓国の同盟国で在韓米軍を置いている。南北の軍事衝突の「当事者」だ。

中国とロシアは、南北の軍事衝突にどういう態度を取るだろうか。

＊

中国は、北朝鮮がしばしば中国の意思を無視し、主体性を発揮するのを苦々しく思っている。だから北朝鮮の核開発を、まったく支援してこなかった。にもかかわらず、北朝鮮は核保有国となった。北朝鮮の核ミサイルは、北京にも向いている。核兵器は、北朝鮮が中国から自立し自由に行動するための保証にもなっている。金正恩が、中国と太いパイプのあった張成沢《チャンソンテク》（金正日《キムジョンイル》の妹の夫で、北朝鮮の実質ナンバー・ツーであった）を排除したことを、不快にも思ったろう。

中国にとって、北朝鮮は、緩衝地帯として意味がある。北朝鮮が地図から消えてしまえば、韓国と、つまり在韓米軍と、国境を接して隣り合うことになる。それは困る。だから北朝鮮の崩壊は歓迎しない。でも、北朝鮮が自分勝手な行動をとることも歓迎しない。

＊

北朝鮮が突如、韓国に侵攻した。朝鮮半島で軍事衝突が始まった。

中国は当面、様子をみるだろう。武器や軍需物資を援助したり、直接に軍事支援をしたりすることはしないはずだ。中国にはほかにもっと大きな利害関心があるからだ。

ただし、台湾がらみで、中国と北朝鮮が連携する可能性はあるかもしれない。このことは、第3章で論ずる。

ロシアはサポート

ロシアは北朝鮮を、陰でサポートするだろう。

もともとソ連と北朝鮮はギクシャクしていた。北朝鮮はソ連の後ろ楯でできたのだが、金日成はソ連の存在を鬱陶しく思っていた。北朝鮮の自立を計って、ソ連と中国を二股にかけ、したたかな外交をみせた。ソ連の核の傘は信用ならないと、独自の核開発を悲願としてきた。すでにのべた通りである。

ロシアのプーチン政権は、大ロシア主義を振り回してクリミア半島を占領し、国際社会で孤立した。ウクライナ戦争で孤立はさらに決定的になった。思い余って北朝鮮に頼み込み、武器弾薬を援助してもらった。孤立した国同士の、貴重な交流先である。

*

プーチン政権は、朝鮮半島の三八度線に注目しているという。

ロシアは、ウクライナ領に攻め込み、ロシア系住民の多い地域に複数の「共和国」を立てている。北朝鮮はさっそくこの「共和国」を承認した。戦線は膠着している。ウクライナは実力で、領内からロシア軍を追い出すことができない。ロシア軍もこれ以上侵攻を続けて、ウクライナを屈伏させることができない。どうやって現状を固定するか。

三八度線は、朝鮮半島の休戦ラインだ。北朝鮮は、半島の南半分も自国領であると主張している。韓国は、半島の北半分も自国領であると主張している。その主張を保ったまま結ばれたのが、休戦協定だ。休戦ラインは国境ではない。平和条約も結ばれていない。それをしないで、現状を固定する。苦肉の策である。これが現実的な解決だとして、ロシアはウクライナを説得するつもりだ。

ウクライナには、不満の残る決着だろう。でもいつまでも戦争を続けることはできない以上、やむをえない。将来、プーチン政権が瓦解するまでの我慢だと納得する。

＊

ロシアはこういう考えなので、北朝鮮がロシアと同じことをやっても支持する。表向きはともかく、裏でサポートするはずだ。

二〇二四年六月にプーチンは北朝鮮を訪問し、金正恩と会談、両国の関係をこれまで以上の段階に引き上げたとする「包括的戦略パートナーシップ条約」を結んだ。この条約は、公表されている部分のほかに、おそらく明るみに出せない秘密協定がごっそりくっついているだろう。金正恩は、ロシアに対する軍事支援とひきかえに、お土産をそれなりに手に入れたかたちだ。

目標は休戦協定

北朝鮮も、三八度線の休戦協定に再注目する。

この休戦協定は、戦争の終結ではない。休戦しただけで、戦争は再開してよい。だから再開して、韓国に侵攻した。北朝鮮は、戦争をする権利をもっているのだ。そして戦闘が一段落したところで、韓国とのあいだに新しい休戦協定を結ぶ。朝鮮戦争のときの相手は国連軍だったが、今回は国連軍でもアメリカでもない。韓国だ。韓国と休戦協定を結ぶためには、韓国を対等な主権国家と認めておかなければならない。だから平和統一を引っ込め、韓国を「主要な敵」と位置づけた。

北朝鮮の目標は、韓国領内に攻め込み、早々に休戦協定を結ぶことである。韓国領を全部占領してしまいたいところだが、そうは行かないだろう。アメリカの軍事介入が限定的なら、つまり、韓国の敗北をやむをえないと受け入れるなら、休戦協定が結べるはずである。

この結果、北朝鮮の国際的な地位は大幅に改善する。発言力も大きくなる。

北朝鮮は、休戦を機会に、経済力を回復させ、韓国の国内でさまざまな政治工作を展開し、このつぎの戦争を準備するだろう。

*

日本はおたおたする

日本は、朝鮮半島の有事に、どう対応するか原則が定まっていない。

・在日米軍基地が攻撃される。（あってもおかしくない。）

・日本の領内にミサイルが飛んできて、被害をうける。（あるかもしれない。）
これらの事態は、日米安全保障条約（日米安保）が適用される事態である。日本は、個別自衛権を行使できるし、アメリカ軍も条約にもとづいた行動をとる。自衛隊とアメリカ軍は連携して、必要な行動をとる。

自衛隊は、ミサイルを発射した北朝鮮の基地に反撃できる、ミサイルを装備するはずである。これも自衛権の範囲だと、日本政府は考えている。

*

在日米軍基地も日本の領土も攻撃されない場合はどうか。

朝鮮半島の軍事衝突は、周辺事態法にいう「周辺事態」にあたる。（この法律は現在、「重要影響事態法」という名前の法律に改められている。）周辺事態とは、日本の領土、領海、領空が侵犯されたわけではないが、そのまま放置するとわが国の安全にとって重大な脅威になるであろう事態、のこと。北朝鮮軍が韓国に侵攻した場合、日本に侵攻したわけではなくても、周辺事態であるとして、自衛隊が自衛権を行使するために出動できる。新しい重要影響事態法のもとでも、もちろん出動できる。（韓国の領海や領空、領土に入る場合には、韓国の了解が必要である。）

ではこの場合、自衛隊はどう行動するのか？　アメリカ軍と共同で行動するという大枠が決まっているだけで、詳細までは決まっていない。流動的な事態に合せて、日米で調整しながら行動することになる。アメリカ軍次第、ということだ。アメリカ軍部隊の横か後ろから、おずおずついて行くみたいな戦い方になる。

＊

日本の世論は、四分五裂の大混乱に陥るだろう。憲法があるから戦えない。いや、韓国の人びとを見捨てるのか。なにしろ、戦争と軍隊のことを正面から考えるのを、戦後ずっとさぼってきたのだから、頭のなかにものを考える材料がない。メディアも同様だ。こんな世論を背景に、責任ある判断を下さなければならない政府も大変だ。

核は使わない

では、朝鮮半島の軍事衝突は、核戦争になるのかどうか。

おそらく、核戦争にはならないだろう。

＊

核戦争になるきっかけは、劣勢になった側が、戦術核を用いることである。

北朝鮮軍が優勢で、韓国を圧倒している場合。アメリカ軍は、北朝鮮の心臓部を空爆するなどして、攻勢をかける能力がある。けれどもそれをすると、金正恩が、核兵器を用いる可能性がある。それを警戒して、アメリカ軍は決定的な攻勢をかけるのを手加減するだろう。その結果、通常戦力のもみ合いになり、戦線が膠着するかもしれない。

北朝鮮軍がそこまで優勢でなく、韓国軍とアメリカ軍の反撃にあって後退する場合。韓国軍とアメリカ軍は、慎重に押し返して、三八度線の北側に北朝鮮軍を追い出すことを目標にする。三八度線を越えて北朝鮮領内に侵攻することはしないだろう。それをすると、北の体制崩壊を意図しているという意味になり、北朝鮮が核兵器を使う可能性が高まるからだ。

北朝鮮軍が元の三八度線に押し戻されるケースでも、逆に侵攻されるわけではないから、北朝鮮は「勝利」だと宣言することができるだろう。かつて中国が、懲戒のためと称してベトナムに侵攻し、撃退されて退却したときと同様だ。メンツが保たれ、体制も維持できれば、核兵器を用いる必要はない。そして、体制が維持できたのは核兵器があったおかげだ、と総括するであろう。

*

こううまく行くかどうか、実際のところはわからない。

そして、もうひとつ考えなければならないのは、朝鮮半島の軍事衝突が、台湾有事と連動するケースだ。次章でこれを論じる。

第3章

台湾有事と朝鮮半島

台湾をめぐり緊張が高まっている。いわゆる「台湾有事」である。

中国は、「中国はひとつ」「台湾は中国の一部」と主張してきた。そして、話し合いによる平和な解決を掲げながらも、武力で解決をはかる態勢を整えている。

中国が台湾を武力で統一しようとすれば、台湾は抵抗し、反撃する。アメリカ軍も応援に駆けつけるだろう。米中の軍事衝突が避けられない。

*

実は、米中の軍事衝突と、朝鮮半島の情勢は連動する可能性がある。本章では、この可能性を深掘りしてみたい。

1　台湾有事は絶好のチャンス

台湾統一・朝鮮半島統一

まず、比較から。

中国の台湾に対する態度と、北朝鮮の韓国に対する態度は、似ている点と違っている点がある。

似ている点はどこか。中国は、台湾は自国の一部で、自国の統治権が及ぶべきだとしている。それを邪魔しているのが、アメリカだと考えている。台湾を統一するのは正しいことで、平和的に解決すればそれでよいが、武力を用いてもかまわないと考えている（らしい）。北朝鮮は、韓国の支配する領域は自国の一部で、自国の統治権が及ぶべきだとしている。それを邪魔しているのが、アメリカだと考えている。韓国を統一するのは正しいことで、平和的に解決すればそれでよいが、武力を用いてもかまわないと考えている。

中国は核保有国である。武力で台湾の統一をはかると、アメリカとのあいだで核戦争になるおそれがある。北朝鮮は核保有国である。武力で韓国の統一をはかると、アメリカとのあいだで核戦争になるおそれがある。

*

では、違っている点はどこか。

中国は大きい。台湾は小さい。海で隔てられているものの、台湾が独力で自国を防衛するのは無理である。アメリカや日本の支援が必要だ。それがあったとしても、危ういほど中国の軍事力は大きい。

北朝鮮は大きくない。韓国も小さくない。陸続きで三八度線を境ににらみ合っている。韓国に在韓米軍がいるが、その規模は大きくない。北朝鮮と韓国の戦力は伯仲しており、どちらかがどちらかを圧倒すると言い切れない。

*

もうひとつ違うのは、核戦力と通常戦力の関係だ。

中国は、一九六四年に早くも原爆を開発した。そして核保有国になったが、通常戦力の近代化は大幅に遅れた。二一世紀を迎えるころになっても、アメリカの戦力に遠く及ばない。アメリカの空母打撃群が台湾近海に出動すると、まったく威圧されて手も足も出なかった。ところがいまは対等な通常戦力を構築しおえた。数隻の航空母艦を擁し、数隻の揚陸艦を擁し、数多くの潜水艦や水上艦艇を有し、十分な質と量の戦闘機や爆撃機を有し、通常弾頭や核弾頭を搭載できる多数の短距離、中距離ミサイルを有している。少なくとも東アジア地域に関する限り、アメリカ軍と対等以上に戦える戦力である。

中国の場合、核開発が先行し、通常戦力の整備が遅くなった。通常戦力をアメリカと戦えるレヴェルに整備するのには、厖大《ぼうだい》な経費がかかるのである。

北朝鮮は、朝鮮戦争当時、それなりの地上戦力でアメリカ軍と戦うことができた。けれども、核兵器をもっていなかった。通常戦力が先行し、核戦力の開発は大幅に遅れた。

核戦力の開発に時間がかかったのは、ソ連も、そして中国も、北朝鮮の核開発に力を貸さなかったからである。北朝鮮が核をもつと、ソ連や中国の言うことを聞かなくなる。それは困ると、ソ連も中国も思った。

核兵器は、通常兵器に比べて安上がりである。北朝鮮は、通常兵力に資源を投入する代わりに、核開発を進めることにした。さもないと、アメリカの戦力に対抗できない。それは、アメリカと通常戦力で戦う気がない（通常戦力で戦っても勝てない）ということである。核兵器を手にして、アメリカとにらみ合い、どちらも手を出せなくなることが目的である。

通常戦力をどう使うのか

核兵器は、アメリカとにらみ合うためのもので、実戦で使うものではない。実際には通常戦力で戦争する。では、その通常戦力はどういうふうに使うのか。

北朝鮮の通常戦力は、アイロニカルな存在である。

代々の指導者は、金日成《キムイルソン》も金正日《キムジョンイル》も金正恩《キムジョンウン》も、なけなしの資源を核開発に注ぎ込んできた。通常戦力の強化は後回しになった。装備は更新されず、補修もされず、訓練もままならないまま、韓国の戦力に比べて遅れをとっていく。北朝鮮と韓国が通常戦力で正面から激突した場合、北朝鮮が優勢であるとはまったく保証できない。

＊

ふつうの軍人は、本能的に、核兵器を嫌悪する。

通常戦力は、通常の兵器を操作する軍人たちの、ピラミッド型の組織でできている。火砲や銃器を操り、訓練を重ね、プロとしての誇りをもっている。そうしたプロの軍人たちの部隊が、全力で衝突するのが戦争だ。兵力の大きい側が、そして、勇敢にまた賢明に戦った側が勝利をうるのが戦争の秩序である。

核兵器は、この秩序をひっくり返してしまう。どれだけ兵力があろうと、訓練を重ねようと、勇敢であろうと、核爆弾が爆発すれば投下された側はひとたまりもない。爆発力が強力すぎて、通常戦力の秩序をぶち壊すのである。このことが軍人の誇りを傷つける。

北朝鮮が、資源を核開発に集中するいっぽう、通常戦力の強化をなおざりにしたので、職業軍人たちは複雑な心境になったことだろう。核兵器がなければアメリカに対抗できないことは、頭では理解できる。しかし、核兵器を重視するとは、通常戦力を支える軍人たちの存在理由を否定していることでもあるのだ。

まとめよう。北朝鮮の核戦力と通常戦力のアイロニーとは、つぎのようである。

（1）アメリカに対抗し、体制を守るために、核開発を最優先する。

（2）核兵器は、アメリカとにらみ合うための手段で、使えない兵器である。

（3）いっぽう半島統一は、通常戦力でなければ実現できない。

（4）北朝鮮の通常戦力はあまり強力でなく、韓国に勝てないかもしれない。

（5）いつどういう状況で、通常戦力で戦争をするのかが悩ましい。

勝てるかどうかよくわからないのに、戦争をしなければならない。金正恩は韓国を主敵と名指しし、戦争を準備せよと命じている。このアイロニーをどう乗り越えるつもりなのか。

＊

通常戦力でかなわない相手と戦うには、奇襲／電撃作戦／サイバー攻撃／非正規戦（ゲリラ戦）／陽動作戦／……などさまざまな方法がある。

加えて、アメリカ軍の参戦を阻止する必要がある。（アメリカ軍が参戦しなければ、日本が単独で韓国を支援しに参戦する可能性は低いだろう。）

アメリカが参戦しない、北朝鮮にとって願ってもない条件が整うのが、実は台湾有事である。台湾有事と朝鮮半島の戦争は連動しうる。この可能性について考えよう。

台湾有事と中国の思惑

台湾有事とは、台湾の統一を目指して中国が実力に訴えること。そのやり方は、型通りの上陸作戦などで押しまくる強硬シナリオから、海上封鎖で台湾経済を締め上げるソフトシナリオまで、いろいろなパターンが考えられる。いずれにせよ、一触即発の軍事的緊張が米中のあいだに生まれることは間違いない。

＊

台湾統一をめざす軍事作戦を、中国の立場で考えてみよう。

台湾統一の軍事作戦は、中国にとって、リスクが高い。台湾の人びとはここ数十年、自分たちをますます台湾人だ（中国人でない）と思うようになっている。香港の一国二制度の約束があっさり反故《ほご》にされ、自由も民主主義も消えてなくなってしまった。それをみて、警戒の念を強めている。台湾は国をあげて、中国の攻勢に抵抗するだろう。ウクライナがロシアの攻勢に国をあげて抵抗したのと同様か、それ以上に。

台湾軍が頑強に抵抗し、台湾の世論が一致して中国を非難し、アメリカ軍や日本の自衛隊が台湾軍を支援し、アメリカや西側世界の世論もそれを支持するならば、中国は国際的に孤立する。目的を達成するには、だいぶ強引な手段に訴えなければならないかもしれない。

そういう状況で、朝鮮半島に第二戦線ができると、中国にとっては助かる。アメリカ軍や日本の自衛隊が朝鮮半島にも勢力を割かなければならず、そのぶん台湾への圧力が弱まるからである。

第二戦線の効果

たとえば、中国が台湾にミサイルを撃ち込み、爆撃も始めて、台湾上陸作戦が近づいたとしよう。アメリカ軍はそれに備えて艦艇を展開し、航空戦力も戦闘態勢に入る。自衛隊もアメリカ軍と連携して待機する。

そのとき北朝鮮の特殊部隊が三八度線の地下トンネルを通って韓国領内に侵入し、韓国側の不意を突いて派手な地上戦闘を行なう。防衛線が撹乱《かくらん》されたところを、北朝鮮軍が越境して南進し始める。韓国軍は応戦するが、態勢を整えるのに時間がかかる。在韓米軍は台湾を支援するどころではなく、朝鮮半島に貼りつくほかはない。航空優勢を維持するため、空母打撃群も日本海に入って任務につく。沖縄の嘉手納基地の航空戦力も、朝鮮半島に振り向けなければならない。

要するに、台湾防衛に向けて用意していたアメリカ軍の作戦計画がすっかり攪乱されてしまう。まさに中国側の思うツボである。

*

だからと言って、台湾の上陸作戦がやすやすと成功するほど、甘くはない。台湾海峡を渡って兵員や武器を運搬するのは、難易度の高い作戦だ。でもだからこそ突然、第二戦線が開かれて、アメリカ軍が兵力をそちらに割かなければならなくなるのは、中国にとってとても助かることなのだ。

中国も、そして北朝鮮も、この事情をよく理解している。

ロシアの思惑

ロシアはどうか。

中国も北朝鮮も、東アジアで軍事作戦を展開する可能性がある。

ロシアは、その予定がない。

けれどもロシアは、北朝鮮と国境を接し、密接な関係をもっている。そして、北朝鮮の核開発や軍事作戦の可能性に、重大な関心をもっている。それはロシア自身が、ウクライナで似たような軍事作戦を展開しているからだ。

▲ロシアのプーチン大統領　写真：SPUTNIK/時事通信フォト

＊

ロシアが二〇二二年二月にウクライナに侵攻し、特別軍事作戦が始まった。ロシアは西側諸国に経済制裁を科せられ、国際社会から総スカンの状態で、孤立している。そんななか北朝鮮は、武器弾薬を提供したりするなど、積極的に支援している。孤立したもの同士の連帯である。

二〇二三年一〇月にハマスが突然イスラエルを攻撃し、ハマス・イスラエル戦争が始まった。ロシアは、第二戦線ができたかたちになって、ひと息ついた。もしも東アジアでも戦端が開かれれば、第三戦線ができたことになる。アメリカや西側諸国の力はますます分散し、ロシアへの風当たりはそのぶんしのぎやすくなる。

ロシアは北朝鮮に、軍事行動をけしかけるわけではない。けれども、北朝鮮が軍事行動を起こしても許容できると思うかもしれない。ロシアはずっと、北朝鮮の軍事的冒険を抑えてきたが、その態度が変化する可能性がある。

*

一九五〇年の朝鮮戦争は、金日成がソ連を口説き落として始まった。いま戦えば、すぐにも韓国を占領できます。スターリンは北朝鮮の南進を許可し、毛沢東《もうたくとう》もOKを出した。北朝鮮はソ連の装備で準備を整えていたのに対し、韓国軍は装備も貧弱でろくな訓練もなかった。不意を衝かれた韓国軍は総崩れとなった。

このあとアメリカ軍（国連軍）が参加して戦況を逆転させ、今度は中国軍（義勇軍）が参加して戦線は膠着し、一九五三年に休戦協定が結ばれた。

そのあとも金日成は、朝鮮半島の統一を念願し、軍事行動を諦めなかった。厳しい冷戦が始まっていて、そんな危うい軍事行動をソ連が認めるはずはなかった。

ソ連と北朝鮮のあいだにも、ソ連を引き継いだロシアと北朝鮮のあいだにも、いろいろな利害の喰い違いやいざこざの歴史があった。ところがいま、そうした状況が変化して、北朝鮮の軍事作戦を許容できる環境が生まれつつあるのだ。

核があるので通常戦争

なぜ北朝鮮が、通常戦力の軍事作戦をやりやすい環境がうまれたのか。それは、北朝鮮が核保有国になったからだ。

核保有国は、通常戦力による戦争をやりやすいものなのだ。その理屈はこうである。

*

核保有国で通常戦力の戦争をいちばんよくやる国が、アメリカである。ベトナム戦争、アフガン戦争、湾岸戦争、イラク戦争をはじめ、細かな戦争を数えるときりがない。通常戦力が圧倒的で、やりたい放題だ。しかも反撃される可能性がほぼない。

中国は、ベトナムと戦争をしたことがある。すでにのべた通りだ。インドとのあいだに国境紛争を抱えている。

ロシアは、ウクライナ領のクリミア半島はもともとロシアのものだと、軍事占領した。これに、ウクライナは反撃できなかった。そのあと、ウクライナ全土の征圧をめざして特別軍事作戦を発動した。今度はウクライナの反撃に遭って膠着状態となっている。ロシアがこんな勝手をできるのは、核保有国だからだ。プーチンは、核を使うぞと脅しをちらつかせて、西側諸国（NATO）に圧力をかけている。プーチンなら使いかねないと思えるところが恐ろしい。

ウクライナにはもともと核兵器があった。ソ連が解体するとき、ウクライナの核はロシアに移管された。その代わりに、ウクライナの安全保障は、アメリカなど西側諸国が面倒をみることになっていた。でもウクライナはまだ、NATOに加盟していない。丸腰である。だからロシアは、ウクライナに、通常戦力による軍事作戦を思うままに仕掛けることができるのである。

ロシアは核保有国で、ウクライナは核を持たない。この両国の関係は、北朝鮮（核保有国）と韓国（核を持たない）の関係と似ている。北朝鮮が軍事作戦を仕掛けてはいけないのなら、ロシアも軍事作戦を仕掛けてはいけないことになりそうだ。

＊

北朝鮮は核がある。だから韓国に、軍事作戦を仕掛けることができる。ロシアと同じ理屈である。

韓国がウクライナと違うのは、核兵器はないものの、まったく丸腰ではなく、アメリカの同盟国で、アメリカの核の傘で守られていることだ。

だが、核の傘で守られていると言っても、アメリカが自動的に核兵器を使ってくれるわけではない。複雑な戦略的、軍事的、外交的関係によって、結果的にどうにかようやっと守られるのである。そこには不確実性がある。

北朝鮮としては、このアメリカの核の傘を機能不全にして、破れ傘にしてしまいたい。それは可能だ。とりわけ北朝鮮が、台湾有事に連動して第二戦線を開くかたちで軍事行動を起こす場合には、その状態を実現しやすい。

2　アメリカが台湾を守れないとき

台湾有事と朝鮮半島有事

台湾有事はそもそも、中国（核保有国）が台湾（核を持たない）に通常戦力で侵攻することである。核保有国が通常戦争を起こす、これまでのパターンにあてはまる。

台湾も韓国も、どちらも核を持たない。この点は似ている。しかし、大事な点が違っている。

韓国は、アメリカと条約を結んでいて、アメリカは韓国を防衛する義務がある。アメリカの核の傘のもとにあることがはっきりしている。条約にもとづいて在韓米軍を置いている。韓国の防衛に責任をもつことをかたちで表している。また韓国は、北朝鮮と対等な政府であることが明確で、南北ともに国連に加盟している。韓国は国際的に孤立しているわけではない。韓国が北朝鮮の領土であるという主張は、国際社会で広く認められているわけではない。北朝鮮の一方的な主張である。

台湾（中華民国）は現在、アメリカと国交を結んでいない。安全を保障する条約を結んでもいない。台湾関係法は、アメリカが中国（中華人民共和国）と国交を樹立する際に、アメリカの議会が成立させた法律である。アメリカが一方的に台湾に手を差し伸べるだけで、米台双方を拘束する条約としての効力をもたない。そこでもちろん、台湾にはアメリカ軍が駐留していない。台湾軍とアメリカ軍の協力関係や合同訓練も存在しない。台湾はいま、国連に加入していない。台湾を承認する国は多くなく、国際的に孤立を強いられている。中国は、中国は一つで台湾は中国の一部、と主張している。中国は一つの原則は、アメリカや日本や多くの西側諸国が認める前提となっている。

要するに、台湾は韓国に比べて、国際社会での立場が弱い。政府の正統性を、実力によって脅かされた場合に、脆いのかもしれない。

朝鮮半島有事は、独立した政権である北朝鮮（朝鮮民主主義人民共和国）と韓国（大韓民国）とのあいだの軍事衝突である。国際法にいう、戦争にほかならない。

*

台湾有事は、米中の軍事衝突になるだろう。国際法にいう、戦争である。けれども中国はそう考えないだろう。

戦争か内乱か

台湾有事を考えるうえで大事なことなので、再確認しておく。

中国にとってみれば、台湾の政府は、中国の領内に成立している非合法政権である。中国と台湾の軍事衝突は、政府軍と反乱部隊の戦闘であり、戦争でなく内乱（Civil War）である。台湾が征圧された場合には、国際法によって戦後処理をするのではなく、中国の国内法によって処理される。台湾の政府や軍の関係者は、反逆罪や関連の刑事法規によって中国の法廷で裁かれ、処罰されるだろう。

国際社会が抗議の声をあげるとしても、中国が台湾全域を征圧してしまっているなら、中国は聞く耳を持たないだろう。この軍事衝突を内乱として扱うことは、中国政府の正統性に関わることで、譲るわけにはいかない。

＊

アメリカの南北戦争と比較してみよう。

日本語では南北「戦争」というのでわかりにくいが、英語ではthe Civil War（内乱）である。北部（アメリカ合衆国）からすれば、南部同盟は反乱軍である。南部同盟（アメリカ連合国 Confederate States of America）からすれば、独立戦争である。もしも南軍が勝利していれば、独立は成功して、アメリカ合衆国からアメリカ連合国が独立したはずである。この軍事衝突は、内乱ではなく独立「戦争」だったことになるのだ。

＊

この理屈は、アメリカ独立戦争の場合と同様である。

イングランドの植民地だったアメリカの十三州は、同盟して独立宣言を発し、本国と戦闘状態に入った。本国のイングランド軍に対して、アメリカ合衆国のアメリカ軍。軍事衝突は曲折のすえ、アメリカ軍の勝利に終わった。よってアメリカは独立を認められ、この軍事衝突はアメリカ独立「戦争」だったことになる。もしもイングランド軍に圧倒されて敗れていれば、この試みは反乱で、「内乱」と呼ばれていたはずだ。

戦争なのか、それとも内乱なのか。それは、軍事衝突にどちらが勝利するかによって決まるのである。結果論ということだ。

アメリカは台湾を守れるか

さて、台湾有事に際して、アメリカは台湾を守りきることができるか。

台湾有事がどのように始まり、どのように推移するか、いろいろなシナリオがあって、専門家の間でも見解が分かれている。いまの段階で、あまり軽率なことは言えない。原則的なことを確認しておく。

*

勝敗を左右するのはやはり、アメリカの軍事力が優勢か、それとも中国の軍事力が優勢か、である。

アメリカの軍事力が優勢であるとみる根拠は、以下のようである。

・アメリカ軍は、最先端の科学技術を採り入れた近代的な装備の軍隊で、総合力で中国に優っている。

・アメリカ軍は、つねに実戦を経験しており、訓練が行き届いている。中国軍は実戦から数十年離れており、装備を使いこなして実戦を戦えるか未知数である。

・アメリカ軍は、自国の防衛にあたる台湾軍を支援するほか、韓国軍、日本の自衛隊、オーストラリア軍をはじめ、イギリス、ドイツなど西側諸国の軍隊の来援を受けるなど、国際的な支援のなかで戦う。それに対して、中国はほぼ単独で戦う。

対する中国の軍事力が優勢であるとみる根拠は、以下のようである。

・台湾は中国に近く、アメリカから遠いので、戦域はアメリカ軍が展開するのに圧倒的に不利である。

・中国軍は、動員できる兵力、航空機、艦艇、火砲やミサイルなどの数量で圧倒的に優勢である。

・特に短距離、中距離のミサイルの数量はアメリカ軍を圧倒しており、脅威である。

・数多くの潜水艦と、航空母艦や本土の飛行場があって、中国軍は台湾の海域、空域を制圧する能力がある。

・台湾の統一は中国の多くの人びとの一致した意思であり、中国軍の志気はすこぶる高い。

どちらの要素を重くみるかによって、米中軍事衝突の結果をどう予測するかが違ってくる。アメリカは台湾を守れるのか。

米中軍事衝突の進み方

米中衝突では、中国が攻勢をかけ、アメリカは台湾の防衛をはかる。

クラウゼヴィッツの『戦争論』は、攻撃／防御の関係を考察して言う。防御の目的は、現状を維持すること。現状が維持できれば、攻撃は失敗であり、防御は成功である。

＊

アメリカ軍が、中国の空母を撃沈したり、航空機のあらかたを撃墜したり、中国軍の指揮通信システムを破壊したりすれば、台湾上陸作戦はむずかしくなる。上陸用の強襲艦ほかを破壊したり撃退したりすれば、上陸は阻止できたことになる。

中国は上陸作戦の代わりに海上を封鎖して、経済的に締め上げる作戦をとるかもしれない。アメリカ軍が強硬な対抗措置をとって封鎖を解除できれば、やはり中国の意図を阻止できたことになる。

こうならなかった場合、中国は、軍事的圧力を背景に、中国の意思を台湾（ひいてはアメリカ）に押しつけるであろう。台湾（ひいてはアメリカ）はその意思を押しつけられてしまう。これが戦いに敗れるということ。やむをえないことなのだ。

＊

アメリカは核兵器を持っている。核兵器で中国に反撃できるのだから、中国の軍事的圧力ぐらいはねのければよいではないか。ところがそうはいかない。それは、核戦争を覚悟するということなのだ。軍事衝突が全面核戦争に向かって拡大することを「エスカレーション」という。『核戦争、どうする日本？――「ポスト国連の時代」が始まった』（橋爪大三郎、筑摩書房、二〇二三年）でも触れたが、まとめるとつぎのようである。

（i）核保有国のあいだで、通常戦力による軍事衝突が起こる

⇩

（ii）いっぽうの通常戦力がもういっぽうを圧倒する

⇩

（iii）圧倒された側が、戦術核兵器を用い、挽回をはかる（核の先制使用）

⇩

（iv）核攻撃された側が、核兵器を用いて反撃する（核の報復使用）

⇦

（ⅴ）双方が戦略核ミサイルを撃ち合う（全面核戦争）

冷戦下、米ソはいくら対立しても、核兵器の使用（ⅲ）はできなかった。たちまち全面核戦争（ⅴ）にエスカレートすることが確実だ、とどちらも恐れていたからである。それどころか冷戦下では、米ソはもちろん、米ソそれぞれの陣営に属する自由主義国と社会主義国とが通常戦力で衝突することも、核戦争に直結すると忌避されていた。

＊

ともかくアメリカは、（ⅲ）↓（ⅴ）のようにエスカレートすることを恐れて、核兵器を用いないだろう。そのせいで台湾の主権と自由が脅かされる結果になっても。アメリカは台湾を守り切ることができないのである。

同様に、中国も核兵器を用いない。そのために台湾の統一を実現できないとしても。中国は、台湾の

▲橋爪大三郎『核戦争、どうする日本？』筑摩書房

統一よりも、中国本土に住まう一四億人の人びとの安全を優先しなければならない。それはアメリカが、アメリカ本土に住まう三億人あまりの人びとの安全を優先するのと同じである。

核保有国が通常戦力で戦う

アメリカも中国も核保有国である。核兵器を配備している。だからこそ、互いに戦う場合には、通常戦力で戦う。

冷戦の時代、アメリカとソ連が通常戦力で戦うことはありえなかった。それはすぐに、核戦争にエスカレートすると信じられたからである。冷戦の時代、アメリカと中国が通常戦力で戦うこともありえなかった。また、北朝鮮と韓国が通常戦力で戦うこともありえなかった。同様の理屈で、全面核戦争にエスカレートすると考えられたからである。

＊

ポスト冷戦の時代になって、核保有国同士が通常戦力で戦う可能性が生まれた。もしもアメリカと中国が戦えば、その初めてのケースである。

これはどういう現象か。

スポーツで言えば、サッカーと似ている。

人間には手があり、足がある。ボールがあれば、手で扱うのが自然である。けれどもサッカーは、手を使うことを禁止し、足でボールを蹴るだけにする。このルールが成立すると、サッカーというゲームが成立する。

核保有国は、核兵器も通常戦力ももっている。核保有国同士が戦争するとき、核兵器は使わないことにし、通常戦力だけを使うことにする。そうすれば、核兵器の時代に、核保有国なのに通常戦力で戦争する、という新しいルール（戦争のスタイル）が生まれる。これは今後、国際社会の新しい規範のひとつになる可能性がある。

なぜ第二戦線に飛び火するのか

台湾有事の際に、なぜ第二戦線が生まれる可能性があるのか。

それは、米中の軍事衝突が、この新しいルール（核戦力は使わない）の最初の実例となったからだ。中国とアメリカは、核戦力をもっていても、互いに用いることはなく、通常戦力で応酬し、勝敗を決する。

するとこの新しいルールが、それ以外の核保有国にも適用される可能性がある。北朝鮮とアメリカの間だ。北朝鮮は、アメリカの核兵器による反撃を恐れることなく、通常戦力で三八度線を越えることができる。北朝鮮とアメリカのあいだにも、全面核戦争に発展するエスカレーションの順序を想定することができる。これをつぎつぎにたどりたくなければ、最初の一段を昇るのを思いとどまるしかない。たとえ、それが自国にとって不本意であっても。

(a)北朝鮮が通常戦力で韓国に侵攻する
⇦
(b)アメリカが通常戦力や通常弾頭ミサイルで北朝鮮を押し返す
⇦
(c)北朝鮮の核ミサイル(韓国か日本かグアムに着弾)
⇦
(d)アメリカの核ミサイル(北朝鮮に着弾)
⇦
(e)北朝鮮のミサイル(アメリカ本土に着弾)
⇦

（f）アメリカの核ミサイル（北朝鮮全土に着弾）

（e）を避けようとすれば、（d）を避けなければならない。それには、（c）の事態になっても、反撃を思いとどまらなければならない。北朝鮮は、相手を先制核攻撃する、フリーハンドを手に入れるということである。米中衝突の場合と違うのだ。

これは、朝鮮半島に生まれる新しい状況である。このことはさきに、『核戦争、どうする日本？』でも説明しておいた。

金正恩にとって、台湾有事は、韓国に向かって戦端を開く絶好のチャンスである。韓国はそれに反撃して、北朝鮮の体制を転覆する戦争を始める準備も意図もない。北朝鮮は安心して韓国を攻撃できる。北朝鮮の体制を転覆できる能力があるのはアメリカだ。でも北朝鮮の核戦力が抑止力として機能するので、アメリカは北朝鮮に本格的な核攻撃を加えることがない。通常戦力による致命的な攻撃（金正恩の標的殺害）も控えるだろう。北朝鮮の死に物狂いの、核兵器による反撃を誘発してしまうだろうからである。

＊

北朝鮮はこういうわけで、安心して軍事行動を起こせる。

しかもその軍事行動について、事前に中国やロシアの了解をえておくことができる。軍事的なリスクがとても少ない。軍事行動を起こして感謝されるかもしれない。

3　笑いが止まらぬ金正恩

中国の了解をとりつける

台湾有事の際に、第二戦線ができると中国に有利である。――このことは、中国の指導者や参謀部も、北朝鮮の指導者や参謀部も、よく認識できるはずだ。そこで、こんな相談がまとまってもおかしくない。

金正恩「習主席、台湾を統一する日の近いことを念願しています。」
習近平「ありがとう。君のところは核やミサイルの開発が急ピッチだったね。」
金正恩「ところで台湾を攻めるとき、朝鮮半島でも何か作戦をしましょうか。」
習近平「うむ、それはいいかもな。いきなりでアメリカもあわてるはずだ。」

金正恩「じゃあ、帝国主義者にひと泡吹かせてやります。お任せください。」
習近平「やりすぎるなよ。核兵器は脅しだけにしておけ。相手を本気にさせるな。」
金正恩「承知しました。プーチンやハマスよりうまくやります。」

中国が台湾への侵攻を本気で考えているとすれば、中国側でも北朝鮮側でも、それを前提にした政策のすり合せが行なわれるはずだ。台湾有事に合せた北朝鮮の軍事作戦も、選択肢のひとつにあがっているはずだ。

中国と北朝鮮の利害が一致

中国はずっと、北朝鮮の核開発にいい顔をしてこなかった。北朝鮮が解体するのは困るが、核兵器を手にして大きな顔をしてもらっても困る。手のかかる駄々っ子のような存在で、三八度線を越える軍事作戦にはずっとストップをかけてきた。

その事情が変わった。

第一に、北朝鮮が核保有国になった。核を持ってしまったものは仕方がない。いくら中国と言えども、北朝鮮の手から核を取り上げる方法がない。唯一の方法は、北朝鮮に戦争を仕掛けて無条件降伏させることだが、核保有国を相手にそんな危険なまねはできない。

第二に、中国が台湾への軍事行動をスケジュールに載せた。これまではずっと口で言うだけだったが、習近平《しゅうきんぺい》政権は、政権を維持するため「愛国ナショナリズム」を切り札に使うほかなくなって来ている。軍備は十分に整っている。台湾に侵攻する能力があるのに侵攻しないと、批判の矛先が政府に向かう。さんざん続けてきた愛国教育が若い世代の人びとに浸透して、かえって政府が身動きが取れなくなっている。

第三に、ここが大事なところだが、中国と北朝鮮のあいだにＷｉｎ－Ｗｉｎの関係が生まれた。中国も北朝鮮も、アメリカが相手だ。アメリカはなかなかの強敵である。特に中国の軍事作戦は、アメリカと戦って確実に勝利できるかどうか読めないところがある。もしも北朝鮮が同時にアメリカを相手に軍事衝突を始め、アメリカの戦力がそのぶんそがれるならば、中国にとってはメリットがある。

北朝鮮にとっても、中国がアメリカを相手に軍事作戦を展開するのは、絶好のタイミングとなる。アメリカが台湾に目を奪われているどさくさ紛れに、三八度線を越えて韓国に侵攻する。作戦が成功する可能性が、台湾有事のおかげでかなり高くなる。

もうひとつ、北朝鮮にとって目の上のタンコブだった中国のおせっかいな介入がなくなって、むしろ北朝鮮の軍事作戦を黙認してくれている（どんどんやれと応援してくれている）のは、心強い。あとで中国から文句を言われたり、制裁を受けたりする心配をしなくてよい。

約束なしのあうんの呼吸

中国が台湾に軍事行動をとり、そのタイミングで北朝鮮が三八度線を越えて第二戦線を開く。これはきわめてありそうだ。しかし、中国と北朝鮮が示し合わせて、協定を結ぶなり参謀部同士が正式に連絡するなりして軍事行動を起こすのではなく、あくまでもあうんの呼吸で、たまたま連動したという体裁をとるだろう。

それはなぜかと言えば、第一に、中国の台湾侵攻がいつなのかは最高の軍事機密で、決定されたとしても中国の最高指導部の中でもごく限られた人間だけが知っている。それ以外の指揮官クラスはもちろん、北朝鮮やロシアにも知らせないだろうからである。（うっかり知らせると、アメリカに筒抜けになる可能性がある。）

もうひとつは責任を取らないですむため。中国が北朝鮮に、第二戦線をつくるように頼んだり、協定を結んでいたりすれば、朝鮮半島の出来事に対して中国の責任が生ずる。北朝鮮に借りをつくってしまうことにもなる。あうんの呼吸で黙認するだけにしておくのが上策だ。

北朝鮮にしてみれば、どうせ台湾有事の開始時期を教えてもらえないなら、中国の軍事作戦が始まってから様子をみて、北朝鮮の国益に通じると判断できれば作戦をスタートさせるのでちょうどよい。在韓米軍をはじめアメリカ軍の主力が台湾方面に移動して朝鮮半島が手薄になってからのほうが、作戦が成功する可能性が高い。

ロシアも暗黙の承認

では、もういっぽうのロシアは、北朝鮮の軍事作戦に対してどういう態度をとるか。

かつて朝鮮戦争のとき、金日成は苦労して、ソ連のスターリンと中国の毛沢東と、両方の了解を取り付けて開戦した。

北朝鮮にとって今回の台湾有事（東アジア危機）は、朝鮮戦争の再来である。およそ七〇年ぶりに現れた、朝鮮統一の機会である。どうしてもロシアの了解を取り付けなければならない。

金正恩は着々と、その手を打っている。

ロシアは折しも、二〇二二年二月に始めたウクライナ戦争でぬかるみにはまり、西側諸国の制裁を受けて国際的な孤立を深めた。北朝鮮はそんななか、武器弾薬をロシアに送るなど、恩を売っている。ロシアの軍事技術の提供を受けるなど、見返りを期待してのことである。そして、遠くない将来、三八度線を越える軍事作戦を開始するけどいいですよねという、暗黙の了解を求める意味もあるだろう。

考えてみればロシアは、北朝鮮の軍事作戦に待ったをかけられる筋合いはない。ロシアはウクライナに、特別軍事作戦を発動した。ウクライナは本当はロシアなのだ、がその理屈である。この理屈によれば、韓国は本当は北朝鮮なのだから、北朝鮮はいつでも軍事作戦を発動してよいことになる。

金正恩は、プーチンから、軍事作戦を発動してもロシアは文句を言わないよ、という暗黙の了解をとりつけていたとしても不思議はない。

＊

こう考えられるとすると、朝鮮半島は、（第二次）朝鮮戦争の前夜にある。なにしろ、北朝鮮が開戦に向けて大乗り気であるうえに、中国もロシアも、暗黙の了解を与えているのだから。かつての朝鮮戦争のときと同じ構図だ。

口撃は開戦のサイン

以上の事情から、韓国に対する北朝鮮の態度が変化した理由の説明がつく。北朝鮮は、中国とロシアから、韓国に対する軍事作戦の火ぶたを切っても反対しない、という暗黙の了解を手にしたのだ。だから「平和的統一」を取り下げ、韓国を主敵であると宣言してはばからなくなった。

もっとも、暗黙の了解には、いくつか条件がついている可能性がある。たとえば、核兵器を使わない、開戦の時期は中国の台湾侵攻の前ではいけない、万一負けそうになっても軍事援助は行なわない、などなど。

＊

軍事作戦に踏み切る覚悟を決めて、中ロの了解も取り付けたからと言って、戦争するつもりだぞ、と公言するものだろうか。吠える犬は噛まない、と言う。ヒトラーのように、噛みつくぞと言っていて本当に噛みつく場合もある。

北朝鮮の正統性は、朝鮮半島を統一できるかどうかにかかっている。これまで核開発を優先させ、軍のほかの部門や国民経済に大きなしわ寄せと負担を押しつけてきた。もうひとがんばりだぞ、と軍と国民を鼓舞する。金正恩の指導が正しかったと印象づける。国内向けプロパガンダの一環である。

金正恩の後継者

金正恩に、運が向いてきたのだろうか。北朝鮮は意表を突いた軍事作戦に打って出て、半島統一への足掛かりを掴むのだろうか。

金正恩が心配しなければならないのは、金正恩の後継体制である。

＊

北朝鮮は、権威主義的な独裁政権である。中国やロシアと同様にみえる。

だが、北朝鮮は、中国やロシアと違って、体制の維持がもっと困難である。

ロシアは、プーチンの独裁が二〇年も続いている。憲法はあってなきが如き状態だ。憲法は、独裁を想定してつくってあるわけではない。けれども、ロシアがばらばらにならないために、人びとは強大な権力を望んでいる。その結果、プーチンのような存在が登場してきた。やがてプーチンが退場しても、同じような力学によって、プーチンのような独裁者がもうひとり登場する可能性が高い。

ならば、ロシアにはそもそも、独裁的な権力をどうやって「継承する」かという問題は存在しない。

中国はどうか。

＊

中国は、中国共産党が国家と人民を指導する、という体制である。体制そのものが権威主義的な独裁だ。習近平は独裁者にみえる（実際にそうである）としても、それは、中国共産党がまず独裁（一党支配）をしていて、その共産党のトップに習近平が坐っているから、という二段階になっている。かりに習近平に何かあったとしても、共産党の独裁がゆらぐわけではない。習近平の後継者は党内の力学によっていずれ選ばれるわけで、独裁的な権力をどうやって「継承する」か、という問題はやはり存在しない。

＊

北朝鮮の場合は、ロシアや中国と違う。金正恩の独裁的な権力は、「白頭山《ペクトゥサン》の血統」といって、金日成→金正日→金正恩、の金王朝の系譜が最高権力を受け継ぐにふさわしいという、「血統カリスマ」にもとづいているからである。

すると、金正恩の「後継者問題」が生ずる。そもそも金正恩の血統を受け継ぐ後継者がいない場合、金正恩が欠けると、北朝鮮の最高権力者は自動的に空位になってしまうのである。

この点は、日本の天皇の「お世継ぎ問題」と似ている。天皇の位は血統カリスマによって継承されているという「万世一系」の幻想があるので、血統を継ぐ適当な人物がいないと天皇の系譜が途絶えてしまう。日本の天皇はいま「象徴」で、政治の実権に関わらないから、かりに天皇の系譜が途絶えても政治にすぐ影響が及ぶことはない。(帝国憲法と旧皇室典範のもとであれば、天皇の系譜が途絶えるなら大事件になるであろう。)

北朝鮮の金王朝の体制は、独裁者の血統と権力の継承がダイレクトに結びついている。中国のかつての皇帝権力と似たところがある。したがって、後継問題を解決しないと、体制を維持することはできないのだ。

なぜ娘の金ジュエが後継者に?

金正恩の娘金ジュエ(主愛?)は、二〇二二年末から公の場に姿を現した。父の金正恩に従って、ミサイルの打ち上げを見物したり部隊を訪問したりした。二〇一三年生まれ?の少女が、最高指導者の後継者然として金正恩と共にメディアの前に姿を現すのは、異例のことである。なぜ急に、こんな演出をしたのだろう。

▲金ジュエ氏（左）と並ぶ金正恩総書記（右）　写真：AFP＝時事

後継者が決まっていることが、北朝鮮の体制の安定にとって重要だからだ。

その背景には、すでにのべたように、アメリカの「斬首作戦」に備えておく必要があること。そして、金正恩が持病（心臓病らしい）で急逝してしまう可能性に備える必要もあるのかもしれない。

*

金正恩が突然欠けたとしたら、どうなるか。

金ジュエが後継者になる。女性であるが、白頭山の血統を継ぐ正系の血筋として、正統性を主張できる。でもまだ経験の浅い少女なので、金正恩の妹の金与《キムヨ》正《ジョン》が摂政にあたる役割をつとめるだろう。後見人であり、実質的な最高権力者だ。金与正は、北朝鮮の中枢に参画して一〇年近い経験を積んでいる。金ジュエ＋金与正の指導部で北朝鮮の体制が維持できるのか、読みきれない部分があるが、これ以外の選択肢はないと金正恩は思っているようだ。

核保有国として、金正恩は核のボタンを握っている。その核のボタンは誰の手に渡るのか。摂政役の金与正の手に渡ると思われる。金与正は金正恩に代わって当面、北朝鮮軍の軍事指揮権（統帥権）を手にするということだ。

＊

北朝鮮の伝統（儒学の伝統）からすれば、女性が最高指導者の後継者になるのは異例である。男性の子どもはいないのだろうか。いないという説もあり、いるけれども病弱などの理由で後継者に選ばれなかったという説もある。

女性が後継者になれるのなら、妹の金与正でもよいのではないか、と考えられる。妹よりも、金正恩の直系の子どもである金ジュエが優先される、という論理なのだろう。金ジュエに男子が生まれれば、将来その系統に最高指導者の地位が継承されると考えられる。日本の女系天皇の問題とよく似た話なのだが、金正恩の鶴のひと声で解決してしまっている。

＊

やはり男系がよい、という議論が起こらないか。

金正恩には二人の兄がいた。長男の金正男《キムジョンナム》は金正日のめがねにかなわず、後継者から外された。中国の保護を受けていたが、二〇一七年にマレーシアの空港で毒ガスによって暗殺された。次男の金正哲《キムジョンチョル》は政治に一切関心がない風をよそおい、平穏に暮らしている。

金正男には息子（金ハンソル）がいる。金正男が暗殺されたあと、ビデオで声明を出した。身に危険が及ぶのを避けるため、アメリカの情報機関に保護されているとみられる。もし万一、北朝鮮の体制が瓦解するような場合、この息子が後継者として突然登場するシナリオも考えられる。

いずれ金与正は失脚

こんなかたちで後継者を公表しなければ、後継者がいない（決まっていない）、ということだ。後継者がいない状態で、金正恩に万一のことがあると、北朝鮮の体制は混乱に陥るだろう。後継者が金ジュエと決まっていれば、金与正は安心して、一〇年ほど最高権力を預かることができる。また、金ジュエと母親の李雪主《リソルチュ》は安心して、金王朝の後継者の地位を保つことができる。

どちらにとっても都合のよい後継者の公表だが、金ジュエが成人すると、金与正との関係が不安定になるだろうと予測できる。宮廷力学の鉄則だ。金与正はやがて失脚するだろうと見込まれる。

戦争の準備は整った

金正恩がかなり無理をして後継者を公表したということは、戦争を始める準備が整ったという意味である。

金正恩が戦争の覚悟を決めた。どの時期に戦争を始めるか。

＊

もしも台湾有事がごく近いうちに起こると思っているなら、金正恩はそのタイミングを待つだろう。そのほうが、軍事作戦が成功する可能性が高いからだ。

もしも台湾有事がいつ起こるかわからない、あるいは、中国は台湾に軍事行動など起こさないかもしれないと思っているなら、金正恩は台湾有事を当てにせず、北朝鮮の都合で適当なタイミングを選ぶだろう。それは、金正恩の胸先三寸で決まる。

いずれにせよ、朝鮮半島が火を吹く可能性は高い。

＊

この原稿を書いている二〇二四年四月二三日に、北朝鮮の『労働新聞』は、四両の移動式発射台から口径600mmの超大型放射砲を同時発射する写真を掲載した。これは模擬の核弾頭を搭載しているという。四月一二日に始まった米韓空軍の軍事演習は「軍事挑発」であると反撥して、「戦術的核攻撃手段」の威力を示すもの。いざとなれば戦術核を使用するぞ、という意思表示である。

*

アメリカ軍も韓国軍も、そして自衛隊も、北朝鮮の突発的な軍事行動を想定して、態勢を整え始めた。

準備ができていないのは、日本の世論である。

第4章　ポスト日米同盟の時代

朝鮮半島の軍事作戦も台湾有事も、その戦域は東アジアに限定されるだろう。ごく狭い範囲だ。

でもその影響は、世界全体に及ぶ。グローバル社会の性質が変わり、つぎの時代に移行してしまうだろう。

北朝鮮が軍事作戦を起こすとは、要するにこういうことだ。

(1) 核兵器を開発すれば、小さな国でも覇権国を相手に通常戦争を起こせる。
(2) 戦争の理由は、グローバル社会の現状を武力で変更するためである。
(3) 覇権国はこの戦争を核兵器で阻止することができない。
(4) 戦争の結果がどうなろうと、覇権国の威信が傷つき、世界は不安定化する。
(5) 北朝鮮の真似をする政権が、いくつも出てくる。

中国が大国であるのに比べて、北朝鮮は小国である。小国でも覇権国とわたりあえる。このことが、覇権国が仕切っていたグローバル社会の現状を流動化させてしまう。

＊

日本も、この流動化の波をもろにかぶる。日本の安全保障環境が大きく変わる。本章では、日米同盟がどう変化するのか、見通してみよう。

1　日米安保条約が機能しない

釣り合いのとれない二人三脚

日米安保条約は、サンフランシスコ講和条約と同時に一九五一年に調印され翌年発効した。一九六〇年に、岸信介《きしのぶすけ》政権のもとで改定され、以後、自動延長を繰り返している。

その骨格は、こうなっている。

（1）アメリカは、日本の防衛義務を負う。

（2）日本は、在日米軍基地を置き、アメリカ軍の駐留を認める。

（3）日本は、自衛隊を置き、日本を防衛する。

自衛隊は、日本を防衛するためだけのもので、日本の領域外では行動しない。アメリカを防衛する義務も権能もない。自衛隊は、日本国憲法によれば軍隊でなく、国際法にもとづく通常の軍隊としての行為能力がないからである。

＊

自衛隊のこの戦力のあり方を、「専守防衛」という。自衛隊は、攻撃された場合にはじめて、日本の領土・領海・領空のなかで、反撃できる。

こういう歯止めは、かつて日本の軍隊が隣国を「侵略」したのを反省するという意味がある。自衛隊は、軍隊であるのに軍隊でない。実戦で役に立つのかわからない、中途半端な存在だった。それでも日本の防衛が成り立つのは、アメリカ軍の戦力が突出して強大だから。日本には米軍基地がある。アメリカ軍は、専守防衛など関係なく、国際法にいう軍隊として自由に行動する。ベトナムで戦争があれば、出撃する。朝鮮半島や台湾もにらんでいる。日本はその拠点を提供する。

▲日米安保条約に署名する当時首相の吉田茂
写真：毎日新聞社/時事通信フォト

日米安保条約はこのように「片務的」である。釣り合いのとれない二人三脚である。片務的かもしれないが、日本の安全保障も日米同盟も、これで問題なく成立した。

日米安保の再定義

日米安保はもともとこのような仕組みだった。でも何回か、改定（ヴァージョン・アップ）をしている。一九六〇年の改定が一回目。

そのあとの大事な改定は、冷戦の終了とソ連の解体。日米安保はそれまでソ連を仮想敵国としていたのが、ソ連がなくなってしまった。日米安保の存在理由がなくなる。そこで新たに、中国を仮想敵国とすることにした。日米安保の性質が大きく変わった。

＊

もうひとつ大事な改定は、「周辺事態法」。一九九九年に成立した。

日米安保はもともと「極東」を念頭に置いていた。「極東」は地理的な概念である。それに対して「周辺」は状況的な概念。「そのまま放置するとわが国の安全に重大な影響を与えるおそれのある事態」が周辺事態だ。地理は関係なく、地球の裏側でも「周辺」と認定できてしまいそうである。その周辺事態に対応することが、自衛隊の任務になった。専守防衛の枠をはみ出している。

周辺事態法にあわせて、日米ガイドラインも改定された。ガイドラインは、日米安保を実質化するための現場の指針。何年かに一度のタイミングで何回か改定されている。

そのほか大事な改定は、集団的自衛権の行使を認める閣議決定。二〇一四年、安倍内閣のときのことだ。戦争を放棄した九条の規定にかかわらず、日本国には自衛権がそなわっている、が政府見解。それまで自衛権は、個別自衛権に限定して考えられてきたが、それが集団的自衛権に拡大された。

集団的自衛権は、日本の同盟国であるアメリカ軍が攻撃された場合、自衛隊はそれに反撃してもよいという権利。専守防衛からだいぶはみ出している。

*

ふつうの軍隊へ

装備の更新や政策の変化によって、日米同盟はいっそうの深化をみせている。

台湾有事の可能性や北朝鮮の軍事挑発が、国民の懸念を深めている。ウクライナ戦争やハマス・イスラエル戦争も、安全保障に関する危機感を高めた。半世紀前に比べて、国民の意識はずいぶん変わってきている。

相手国のミサイル発射基地に反撃できる、射程が長めのミサイルも配備されることになっている。「敵基地反撃能力」といわれていたものだ。

ヘリコプター空母として建造された「いずも」と「かが」は、ジェット戦闘機が発着できるように改修され、実質的に空母となる。中国は神経をとがらせている。

対空ミサイルなどの武器や兵器を輸出できるように、政府は政策を変えた。対空ミサイルをアメリカに輸出し、アメリカは自国のミサイルをウクライナに提供する。間接的にウクライナを支援できたことになる。

こうした一連の新しい政策によって、憲法を変えなくても、自衛隊を実質的にふつうの軍隊に近づけていくことができる。政府はそう考えているようである。

*

自衛隊がふつうの軍隊に近づけば、日米安保はそのぶん、通常の軍事同盟に近づく。日米安保はまたまた「改定」されたわけである。

東アジアにはNATOがない

アメリカは、日米安保の改定を続けるだけではない。韓国とも同盟を強化し、フィリピンやオーストラリアとも連携を強化している。「自由で開かれたインド太平洋」を掲げ、インドも巻き込んで中国の封じ込めをはかっている。

東アジアには、NATOの集団安全保障にあたる仕組みがない。アメリカをハブに、日米、米韓、米台、……といった二国間同盟の束でしかない。アメリカがぐらついた場合、全体がばらけてしまう。また、アメリカ以外の国は核保有国ではない。アメリカ一国のやる気に依存しているのが、この同盟関係の弱点である。

核の傘の破れ

ではアメリカは、どんな場合もこれら同盟国を守るだろうか。アメリカの核の傘は、日本や韓国や台湾や……に対して万全な楯として機能するだろうか。相手は北朝鮮、中国。いずれも権威主義的な独裁の、核保有国である。

*

まず日本の安全保障について考えてみる。北朝鮮の核に対して、日米安保は万全か。結論から言おう。アメリカは日本を核の傘で守ることができない。（核の傘で守ることをしない。）日米同盟のもとでも、日本がアメリカの核によって守られるとは言えない。

この理屈は、すでにのべた通りだ。

（a）北朝鮮が日本に通常弾頭ミサイルを撃ち込む

⇩

（b）日本が北朝鮮に通常弾頭ミサイルを撃ち込む

⇩

（c）北朝鮮が日本に戦術核弾頭ミサイルを撃ち込む

となった場合に、アメリカがそれに反撃（d）すれば、

（d）アメリカが北朝鮮に戦術核弾頭ミサイルを撃ち込む

⇩

（e）北朝鮮がアメリカに戦略核弾頭ミサイルを撃ち込む（！）

⇩

（f）アメリカが北朝鮮に戦略核弾頭ミサイルを撃ち込む

このようになって、アメリカはひどいこと（e）になる。アメリカ大統領なら、アメリカ

の国民をこんな目に遭わせるわけにはいかない。これを避けるには、北朝鮮が日本に核兵器を使用した（c）としても、それに反撃（d）しない、以外にない。

つまり、**アメリカは、日本が核攻撃を受けても、あえてそれに反撃しない**のだ。これが、日米安保の「核の傘の破れ」でなくて、なんであろうか。

＊

念のために言っておけば、北朝鮮も、北朝鮮が核攻撃によってひどいことになる（f）のはいやだろう。けれども北朝鮮は、国民の権利と安全に責任をもつ民主主義の政権ではさらさらなく、国民のことなど実はどうでもよいと思っている権威主義的な独裁政権である。北朝鮮の存在しない世界など、存在しなくてよいと思っているとも言う。北朝鮮が壊滅する（f）かもしれないとしても、アメリカを核攻撃する（e）だろう。

だから、アメリカは北朝鮮を核攻撃する（d）ことはできない。日本が核攻撃を受ける（c）としても、それを黙ってみているしかない。

なぜ日米安保は機能しないのか

このように、北朝鮮の核の脅威の前に、日米安保条約は機能しない。

なぜか。

それは、日米安保条約が、**アメリカ本土に核攻撃が及ばないという前提で、結ばれているから**である。この前提が崩れた。よって、日米安保は機能しなくなるのである。

＊

いや、ちょっと待って。米ソの冷戦の時代には、ソ連の核兵器はアメリカ本土に到達する可能性があったではないか。それでも日米安保は機能していたではないか。なぜ北朝鮮が核保有国となった場合に限って、日米安保が機能しなくなるのか。

よい質問だ。

ソ連の核戦力と、北朝鮮の核戦力と、どう違うのか確かめてみよう。

＊

比較のためにまず、テロリスト集団が核兵器を手にしてしまったケースを考えよう。

テロリスト集団は、武装した組織で、政治目的をもっている。そして、通常の武器のほかに、核兵器を手に入れた。アメリカの市民を人質に取ったり、アメリカの大使館を占拠したりして、アメリカに政治的要求をつきつける。刑務所に閉じ込められている仲間を解放しろ。何百万ドルの身代金を払え。われわれのこれこれの要求を聞け。さもなければ、ワシントンＤＣに核兵器をぶちこむぞ。

各国の政府は、テロリストとは交渉（取引き）をしないのが原則である。交渉する代わりに、拠点を急襲し、テロリスト集団を無力化し、身柄を押さえるなり排除するなりすることをまず目指すべきだ。

人質を取られている場合は、慎重に対応しなければならない。場合によっては、人質の解放を優先して、取引きに応じる可能性もないとは言えない。

テロリスト集団が核兵器をもっている場合は、自国の国民が人質に取られているのと同じである。彼らの要求をはなから無視するわけには行かない。核兵器が交渉力（政治力）に転化してしまうということである。

＊

冷戦時代のソ連との関係はどうだったか。

ソ連は、核兵器をもっている。けれども、テロリスト集団と違ってきちんとした政府で、国民を統治している。大勢の人びとの生命と安全と幸福に責任がある。国民を統治もしないし、責任もないテロリストとは異なる。ではどうなる。

ソ連は、アメリカ本土に深く届く核ミサイルをたくさん保有している。アメリカを全滅させられる。でもそれは、アメリカを脅す交渉力（政治力）にはならない。なぜならアメリカも、ソ連本土に深く届く核ミサイルをたくさん保有している。両方の核ミサイルの威力が相《そう》殺《さい》しあうからだ。アメリカは全滅を避けたい。ソ連も全滅を避けたい。双方が真剣にそう思えば、結論はひとつ。核ミサイルはないもののように扱いましょう。核戦力の均衡は、冷戦の安定をもたらした。通常戦力の均衡ももたらした。通常戦力がかりに多少不均衡でも、核戦力コミで均衡するからである。

要するに、ソ連は核ミサイルをたくさんもっていたが、テロリスト集団と違って、アメリカを脅かすことはないのである。

*

さて問題は、北朝鮮の核ミサイルである。

北朝鮮の保有する核ミサイルは、テロリスト集団の核のように、アメリカに対する交渉力（政治力）になってしまう。なぜか。

それは北朝鮮の指導者が、北朝鮮の国民のことなどまるで気にかけていないから。北朝鮮が殺到する核ミサイルによってこの地上から消えてしまおうと、どうでもいいと思っているからである。（本当のところはどうかわからないが、少なくとも）相手にそう思わせることが、金正恩《キムジョンウン》の交渉力（政治力）の源泉である。

同じことを逆から言えば、アメリカの核ミサイルは、北朝鮮の核ミサイルの威力と相殺できない、ということである。アメリカは北朝鮮の核ミサイル攻撃を、現実にありうる脅威として本気で心配しなければならない。アメリカは脅されてしまう。アメリカは北朝鮮の交渉力（政治力）を受けるということだ。

相手がテロリスト集団なら、さっさと叩きつぶしてしまえばよい。それができなかったとしてもいろいろ方法がある。北朝鮮は、叩きつぶされないように手を尽くしている。テロリスト集団と違って、国土も正規軍も官僚機構もある。アメリカがどんなアクションを起こそうと、必ず反撃できるのだ。

いざとなれば、北朝鮮の核ミサイルは確実に飛んでくる。ワシントンDCやニューヨークに。

＊

日本が攻撃を受けても、アメリカは核戦力によって、日本を守ることができない。つまり、**日米安保条約は機能しない**のである。

2　安全保障と日本の選択

ポスト日米安保の時代

北朝鮮が核戦力を整えたことによって、日米安保条約が機能しなくなること。日本の安全保障の基本が揺らいでしまうこと。これは著者の意見ではない。事実の問題だ。事実と理屈を積み重ねていけば、誰がどう考えたとしてもそういう結論になる。人びとはこのことをまず、しっかり頭に入れなければならない。

＊

誰がどう考えたとしても、そういう結論になるのだとしたら、責任ある当事者はとっくに検討を進め、そう結論しているはずだ。アメリカ軍の参謀部や国務省の担当者や政治家も、自衛隊や外務省の幹部も。その割に彼らが静かなのは、うかつなことを言って、ことを荒立てたくないからだ。

日米安保条約の前提が崩れた。では、どうすればよい。

通常戦力を強化する

日米安保がアテにならないのだとすれば、まずやるべきことは、日本が国防を強化することだ。アメリカに頼らず、自力で国を守るために。

日本の防衛予算は長いあいだずっと、ＧＤＰの１％だった。各国に比べて低い水準である。

日本は戦後、アメリカの意向で再軍備をすることになった。自衛隊ができた。その装備や戦力は、なるべくこぢんまりしたものにする。吉田政権以来の軽装備の伝統である。とは言えその後、自衛隊の装備や戦力はそれなりにしっかりしたものになった。ただ、中国の軍拡や北朝鮮の核開発が急ピッチなので、相対的には押され気味である。アメリカの戦力と足して、ようやくバランスがとれるのだ。

その防衛予算を、ＧＤＰの２％に引き上げることになった。大きな政策転換である。アメリカの意向があり、日本政府と協議して決まったのであろう。日本の財政事情は厳しいから、相当の事情が背景になければならない。台湾有事や朝鮮半島の危機など、東アジアでの軍事衝突のシナリオを検討した場合、自衛隊の能力を高めておかないととても対応できないと、日米の当局が判断した、ということである。

＊

通常戦力の強化は、然るべき選択肢である。

けれども、それだけでは十分でない。日本の安全保障は、通常戦力と核戦力を組み合わせて守られてきたからだ。日米安保がほころびをみせているのを、通常戦力だけで補うのには限界がある。これをどう考えるか。

台湾有事の場合

まず、台湾をめぐって中国とアメリカの軍事衝突が起こる場合。

中国もアメリカも核保有国で、相手国の本土に本格的な核攻撃を与える能力をもっている。かつてのソ連とアメリカの場合と同様に、核戦力が相殺しあい、均衡している。だから米中は、核戦力を背景としつつも、とりあえず通常戦力だけで雌雄を決しようとするだろう。日本の役割は、アメリカ軍（並びに西側諸国の多国籍軍）と連携して、前線でも主役を演じることである。

＊

中国は、日本の領土を占領しようと試みるだろうか。

台湾有事では中国は、台湾に上陸することが最優先で、尖閣諸島や沖縄に上陸する余裕がない。ごく補助的な作戦（たとえば、日本の島に置かれたレーダー基地や対空ミサイルなどを確実に破壊するなどの目的の作戦）で、上陸が試みられるかもしれない程度だ。占領が目的ではないので、戦闘が終われば撤収するだろう。

中国は、少なくとも台湾有事の段階では、日本の安全を脅かす意図をもっていない。核戦力で対抗すべき脅威ではない。心配しすぎなくてよい。

韓国から金を引き出す

これに対して、北朝鮮の脅威はずっと深刻にとらえる必要がある。

中国は、日本に対して請求権をもっていない。第二次世界大戦の戦後補償は、解決している。

北朝鮮は、日本に対する請求権をもっている。韓国は日韓基本条約（一九六五年）で、合せて五億ドルの援助を受け取った。三五年の植民地統治時代の賠償にあたる。北朝鮮はこれにあたる援助を受け取っていない。一〇〇億ドルかそれ以上になるだろうと考えているかもしれない。

北朝鮮の経済は瀕死の状態だ。国民に食糧を行き渡らせることもできない。あらゆる資源が枯渇している。産業はほぼ壊滅状態だ。長く続いた経済封鎖で、生産も流通も錆び付いた水道管のようになっている。

核開発になけなしの資源を投入した。投資のようなものだ。核開発に成功したいま、その配当を受け取る番だ。核戦力・軍事力をテコにしてこんどは、経済的利益を引っ張りだすのである。どうやって？

＊

北朝鮮は韓国に対して、請求権は何も持っていない。韓国から資源を引き出すには、戦争がチャンスになる。北朝鮮が優勢なうちに停戦する場合、休戦の条件として経済的な補償を要求できるかもしれない。特に、韓国の領土を占領していたり、住民を人質みたいに管理下に置いていたりすれば、北朝鮮の立場は強くなる。休戦の交渉の際に、たんまり吹っ掛けることができる。

交渉などしないで、接収してしまうという方法もある。戦争が順調で韓国のかなりの領土を占領できた場合、北朝鮮は韓国企業を接収して、北朝鮮のものにしてしまう。工場がタダで手に入るのだから、かなりの利益になる。

北朝鮮は賠償を求める

では北朝鮮は、日本にどうやって金を出させればよいだろう。

いろいろなやり方がある。ひとつは、半島有事の後始末の場を利用することだ。

朝鮮半島で南北が軍事衝突すれば、アメリカ軍や自衛隊も戦闘に参加する。日本は戦争の当事国になる。朝鮮半島有事は、周辺事態法にいう「周辺事態」なので、自衛隊は防衛出動ができて、北朝鮮軍と交戦することになるからだ。現行の重要影響事態法のもとでも、理屈は同じである。

さて、戦争が終息して停戦したとする。双方は、休戦条約に調印しなければならない。戦争当事国の、韓国、アメリカ、日本が参加する。

北朝鮮と日本は、これまで国交がなかったが、休戦条約に調印する関係で、相手国を承認する（正式な外交ルートをもつ）ことになる。そこで北朝鮮は言うだろう。「わが国と基本条約を結びなさい。今後の両国関係発展の基礎になる。その内容は、日韓基本条約のときと同様でなければならない。もちろん日帝時代三五年の補償を含む。さらに、戦後も一貫してわが国に敵対してきた償いもある。あわせて最低でも一〇〇億ドルだ。」

日本側はこれを聞いて、基本条約の交渉開始をパスするかもしれない。交渉を始めたものの、賠償金額の話になって、それ以上の交渉を先のばしにするかもしれない。

それでも確かなことは、日本が北朝鮮と国交を正常化しようとすれば、賠償の問題を解決しないとダメなこと。日韓基本条約を前例にするなら、北朝鮮には日本に対する賠償請求権があること、だ。

北朝鮮の脅威は深刻

日本が金を払うのをイヤイヤする。北朝鮮は、少なくとも植民地支配の補償を受け取る権利がある。ではどうする。

朝鮮半島の軍事衝突のどさくさにまぎれて、日本を攻撃する。山奥にある自衛隊の通信施設など（民間人に被害が及びそうもない目標）に、適当な理屈をつけて、通常弾頭のミサイルを撃ち込む。日本が、韓国軍やアメリカ軍を支援して軍事行動を行なっているから、国際法上合法な反撃だ。そのこころは、必要があればいつでもミサイルを、日本に撃ち込みますよ。この次は核弾頭かもしれませんよ、である。

こうやってクギを刺しておけば、補償の交渉を日本はむげに断ることはできない。

原発ジャック

いや、もっと思い切った方法を取るかもしれない。

夜の闇に乗じて、国籍不明の武装工作員が日本海側の海岸に上陸する。小隊規模の特殊部隊だ。そして、近くの原子力発電所に侵入し、占拠する。そこに駐在している数十人の技術者や職員は、人質として拘束する。そのあとすみやかに爆発物を、原子炉周辺の要所要所に設置する。爆発すると、放射性物質が大量に放出されるだろう。

完全武装の部隊が、日本人の職員を人質にとって立て籠もっている。自衛隊が出動して原発を遠巻きに取り囲むだろうが、手出しができない。

北朝鮮はそのタイミングで、メディアを通じて声明を出す。「わが国の正義の戦いを、アメリカや日本が妨害している。朝鮮半島の統一は、朝鮮民族の問題であり、外国の出る幕はない。とりわけ日本は、三五年間にわたる植民地支配や長年にわたる敵対政策で、わが国に大きな打撃を与えてきたにもかかわらず、まったく反省せず、アメリカと行動を共にしている。そのため必ずや、大きな警告と報いを受けることになろう。」北朝鮮に敵対する軍事行動から手を引け、日米安保をやめろ、ということだ。

日本政府は、原発を占拠しているグループが北朝鮮の部隊だと正体を明かさないので、対応に苦慮する。

＊

原発はそのあとどうなるか。

こんなケースも考えなければならない。

日本側は占拠グループと接触して交渉しようとするが、ラチが開かない。そのうち占拠グループは突然、撤収する。（平服に着替えて、市民の群れにまぎれてしまうかもしれない。）撤収したあと、原発で事故か爆発が起こり、福島並みかそれ以上の放射能汚染が起こる。日本は大打撃を受ける。

このケースでは、北朝鮮は、日本に核弾頭を撃ち込んでいるわけではない。北朝鮮のせいで放射能汚染が起こったのか、はっきりしない。だから、責任も取らない。事故と言えなくもない。——原発を占拠するとは、こういう結果も覚悟しろ、ということなのだ。

日米安保くずし

もっと端的な攻撃を仕掛けてくるかもしれない。

北朝鮮がまず、在日米軍基地のどこかにミサイルを撃ち込む。通常弾頭だ。巡航ミサイルだと撃ち落とすこともできる。弾道ミサイル（それも軌道がくねくね変わるもの）だと撃ち落としにくい。数発飛んでくれば、一発は命中するだろう。

朝鮮半島で軍事衝突が起こり、アメリカ軍や自衛隊が応戦している最中である。北朝鮮にいわせれば、後方の米軍基地を攻撃するのは通常の作戦の範囲である。ただちに違法だとは言えない。

在日米軍基地への攻撃は、アメリカに対する攻撃であり、日本に対する攻撃である。日米安保条約にいう、自衛権の発動にあてはまるケースである。

＊

では日本はどうするか。

北朝鮮のミサイル発射基地を目標に、反撃するか。そのための射程が長めのミサイルも装備に加えてあるはずだ。

そこでミサイルを発射する。北朝鮮のミサイル発射基地に着弾し、被害を与えた。

では、北朝鮮はどうするか。ひとつの可能性はこうだ。

戦術核弾頭を搭載したミサイルを日本のどこかに撃ち込む。たぶん最初は脅しなので、人里離れた山の中のような軍事目標でよい。とは言え核爆弾だから、広島型原爆並みに、半径数キロの範囲を破壊し尽くす。残留放射能のレヴェルも高いだろう。日本全体を言い知れぬ衝撃が包む。

*

問題はこのあとだ。

すでに繰り返し説明したように、アメリカは、この核攻撃に対して、核で反撃しない。核で反撃すると、今度は北朝鮮が、アメリカ本土に核ミサイルを撃ち込む可能性が高い。北朝鮮が核攻撃される日は、北朝鮮最期の日。金王朝最期の日。ならば、アメリカにとっても最期の日でなければならない。アメリカ本土に向けた核のボタンを押すかどうかは、金正恩の気持ひとつである。日本に向けた戦術核ミサイルのボタンを押した以上、そのボタンを押す可能性が高い。

金正恩の気持は誰にもわからない。

そんなあやふやなものに、アメリカは国の運命をかけることはできない。よって、アメリカは北朝鮮に、核で反撃しない。日本に核ミサイルが撃ち込まれた段階で、アメリカは「撃ち方ヤメ」になる。

日本には核兵器がない。通常兵器では、反撃にならない。よってこれ以上、反撃の方法がない。もう一度北朝鮮から核攻撃を受けても、あるいは、核攻撃するぞと脅されても、なすすべがない。

これは、日米安保条約が機能しない、ということだ。アメリカが日本の防衛に責任を持たない（持てない）、ということだ。

*

北朝鮮が日本に、核ミサイルを撃ち込むと、日米安保条約が機能停止する。北朝鮮は、日米安保条約を機能停止させ、日本を孤立させ、日本とアメリカのあいだにクサビを打ち込むために、日本を核攻撃できる、ということである。

「日米安保は限界」論

以上は思考実験だ。実際にこうした事態が生じる、ということではない。

でも、安全保障の専門家の頭のなかでは、こうした事態や、そのほかさまざまなシナリオがもうすでに検討されているはずだ。そして、政府の首脳や政治家にも、ブリーフィングが行なわれているはずだ。日米安保はもう限界かもしれない。そういう認識が、じんわりと拡がりつつあるところだ。

北朝鮮が核を手にするまで、日本は日米安保を信頼し、アメリカに日本の防衛を任せてオンブにダッコでやってきた。そのやり方がもう、限界かもしれない。

では、どうするのか。

＊

考えられる選択肢は、つぎのどれかだろう。

（1）現状維持　……不都合なシナリオには目をつぶり、日米安保にしがみつく。
（2）核武装　……アメリカの核が頼りにならないなら、自前の核を持つ。
（3）西側同盟　……アメリカのほかに、頼りになる同盟国を増やす。
（4）脱日米安保　……日米安保をやめ、中国や北朝鮮やロシアと外交関係を強化する。
（5）そのほか　……非武装中立などの議論が昔はいろいろあった。

どの選択肢も、問題おおありだ。

ひところ一部の国民の支持を集めていた「非武装中立」（日米安保を解消し、自衛隊も解散して、まるごしで平和を追求する）は、いまはまともに議論しなくてもよいだろう。ウクライナや台湾の状況を考えればよくわかる。

「脱日米安保」の全方位外交論。対米従属を脱するために中国との関係強化を模索する「親中派」や、ロシアとの関係改善を訴える人びともいるが、非現実的である。中国やロシアの正体を見損なっている。

「西側同盟」は、どういう考え方か。節を改めて考えてみる。

3　西側同盟とは何か

NATOの仕組み

世界を見渡してみると、いちばんうまく行っている集団安全保障の仕組みは、NATO（北大西洋条約機構）である。その仕組みと役割を考えてみる。

もともとNATOは冷戦期に、西ヨーロッパの諸国を、ソ連（ならびにワルシャワ条約機構）の脅威から守るために結成した軍事同盟である。イギリス、フランス、ドイツ（当初は西ドイツ）など、主要な国々が加盟している。イギリス、フランスはまもなく核兵器を保有した。そして、(北大西洋なのだからか知らないが)アメリカが入っている。複数の核保有国が束になっている。その団結の力で、ヨーロッパの西側諸国全体の安全を保障する仕組みだ。

集団安全保障だから、加盟国のどの一国が攻撃を受けても、加盟国全体に対する攻撃だと考えて、集団的自衛権を行使する。仮想敵国はソ連。NATOに加わることで、余計な戦争に巻き込まれる可能性はない。

*

冷戦が終わり、ソ連は解体した。仮想敵国は、ソ連からロシアに変わった。そして、旧ソ連圏の東ヨーロッパの国々が続々NATOに加盟した。NATOの東方拡大である。

NATOの役割は、外敵に侵略されないこと。そして、加盟国同士が、互いに敵対しないこと。ソ連(ロシア)という共通の敵をもつことで、結束できた。NATOは、成功した集団的安全保障の仕組みである。

ウクライナは、NATOに加盟していなかった。だから、ロシアが侵攻する余地があった。

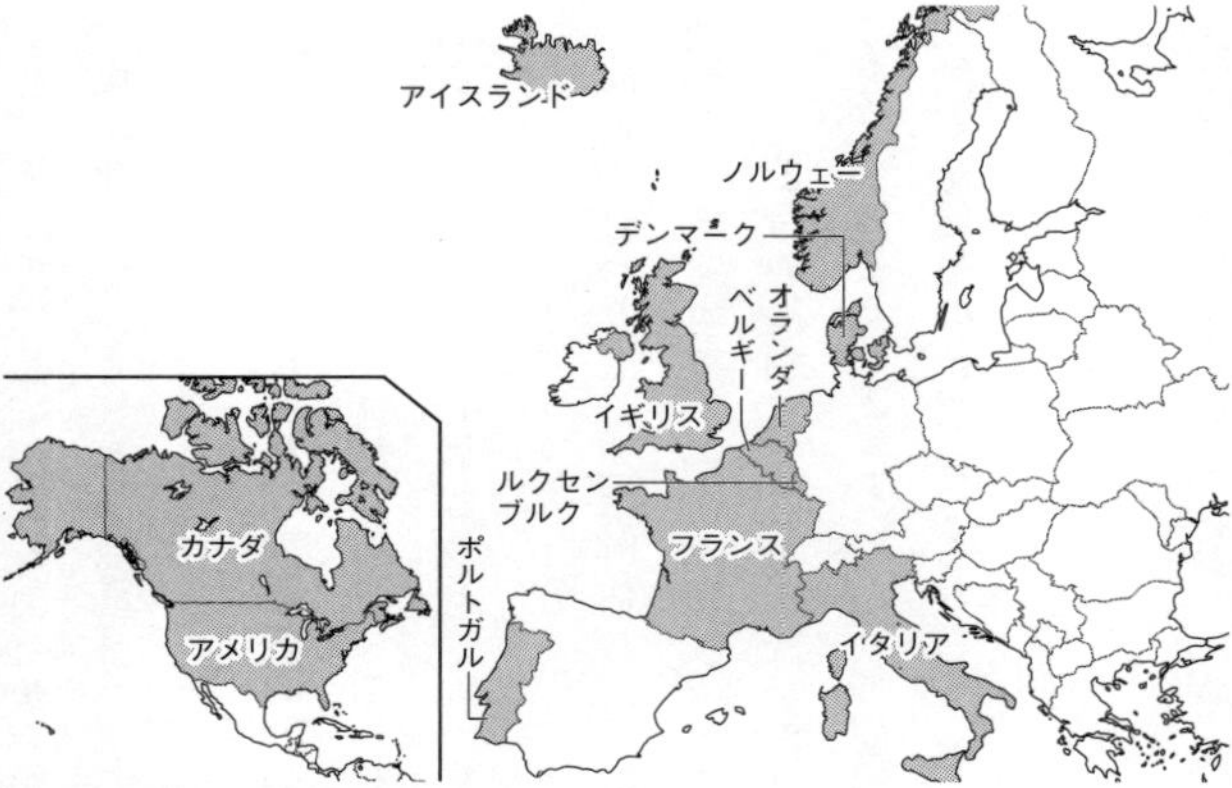

▲NATO加盟国（1949年発足時点）

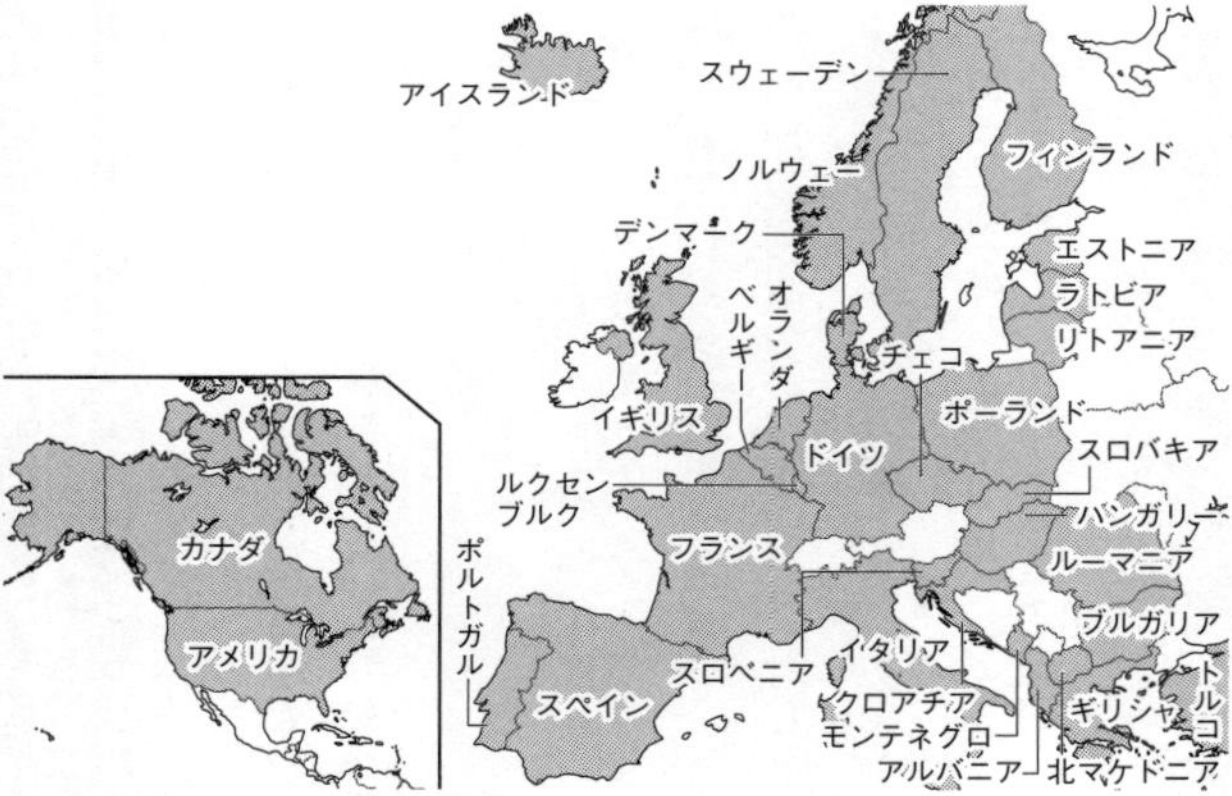

▲NATO加盟国（2024年7月時点）

東アジアの場合

東アジアには、集団的安全保障の仕組みがない。

東アジアにNATOにあたる、集団的安全保障の仕組みをつくることは可能だろうか。いうなればNPTO(北太平洋条約機構)のような。

これは、むずかしいと思う。

第一に、核保有国が(アメリカを除けば)いない。日本も韓国もフィリピンも、核をもっていない。台湾にもない。オーストラリアにもない。

第二に、台湾はアメリカとも日本とも韓国とも国交がなく、国際的に孤立していて、集団的安全保障の仕組みに組み込むのがむずかしい。

こうした事情があって、東アジアの西側諸国は、それぞれが単独でアメリカとペアの軍事同盟を結び、アメリカの核の傘を頼りにしてきた。だから、北朝鮮のような挑戦的な核保有国が現れて、脅しをかけると、アメリカの腰が引けてしまい、安全保障の枠組みがぐらついてしまうのである。

西側同盟とは

西側同盟（Western Alliance）とは、自由を奉じる西側のなるべく多くの諸国が同盟して、自分たちを防衛する集団的安全保障の仕組みである。ＮＡＴＯを世界全体に拡大するもの、と思えばよい。

現実には西側同盟は、まだ存在していない。架空のものである。ただ世界は、機能しない国連にかえて、西側同盟を世界の平和を守る主役に育てていくだろう。

＊

西側同盟を実現する手っ取り早い方法のひとつは、東アジアの国（たとえば、日本）がＮＡＴＯに加盟してしまうことである。

ＮＡＴＯは「北大西洋」を看板に掲げているから、大西洋と縁のない日本が加盟するのはさすがに唐突かもしれない。でも、日本が加盟するとしたら歓迎する、と言ったヨーロッパの政治家がいたともいう。

「北大西洋」が名前だけの問題なら、変えればよい。ただ安全保障には実際には、地理的、地政学的な要因がどうしても絡んでくる。ヨーロッパと東アジアは離れすぎている。東アジアの国がいきなりＮＡＴＯに加わっても、ほかの加盟国を守ることができるのか、ほかの加盟国が東アジアの国を守ることができるのか、という問題がある。

離れていてもできること

西側諸国のなかでアメリカだけが、世界中に軍事的プレゼンスを維持している。ひとりで西側同盟の役割を果たしているようなものだ。かつては大英帝国が、似た役割を果たしていた。経済力が図抜けた覇権国は、強大な軍事力を展開して、世界の平和と秩序に責任をもつのである。

台湾有事を横目でにらんで、イギリスの空母やドイツの艦船、航空機が何度も東アジアにやってきた。西側同盟を志向する活動だ。ウクライナ戦争では、西側諸国が武器や兵器を融通し、ウクライナ軍を支援した。台湾有事の際には、同様の支援がヨーロッパの国々からも寄せられると思う。地理的な要因をすっかり克服はできなくても、地理的な要因を乗り越える努力は可能なのだ。

▲2021年9月4日、米海軍横須賀基地に入港する英空母「クイーン・エリザベス」　写真：時事

西側同盟に代わる核

西側諸国が固い同盟をつくって牽制するなら、権威主義的な国家も勝手なことはできない。中国も、北朝鮮も。だが、東アジアは西側諸国がまばらで貧弱な地域だ。核を手にした中国や北朝鮮や、ロシアの勢力をはねのけるのはむずかしい。

従来は、アメリカ一国の核戦力と、日本や韓国の通常戦力で、バランスを保ってきた。アメリカが、西側同盟の代わりである。そのアメリカの核の威力が神通力を失うと、この地域の安全保障にほころびが生じる。

*

台湾有事を考えてみる。

台湾は中国本土にとても近い。アメリカ本土からは遠い。近隣に日本や韓国があり、米軍基地があったとしても、中国に対して、通常戦力で優位に立つのはむずかしい。人民解放軍による台湾上陸作戦や、台湾封鎖作戦を阻止できるか、予測できない。アメリカに核戦力があっても、中国の核戦力と相殺されてしまって、中国に対する抑止力にならない。西側同盟が形成されておらず、中国の作戦行動を封じ込めるだけの圧力も存在しない。

では、台湾が核兵器をもち、核武装していたとしたらどうか。

中国の通常戦力が優勢で、いままさに台湾の存亡にかかわる戦況のとき、戦術核兵器によって台湾が反撃できるとする。中国は台湾上陸作戦に成功するであろうか。台湾封鎖作戦に成功するであろうか。台湾の核兵器は、台湾の独立を守るであろう。ちょうど北朝鮮が核兵器によって体制を守るのと同様に、台湾も中国の圧力があっても独立を全うすることができる。

台湾の核兵器は、西側同盟が全力で台湾を守るのと同等か、それ以上の効果をあげることができる。

台湾が核をもつとき

台湾は現に、核兵器をもっていない。核開発をする意図も、その計画もないだろう。けれども差し迫った危機の場合に、核兵器さえあれば、と考える可能性がある。

台湾が核をもつのと、台湾を支えるアメリカが核をもつのと、どこが違うのか。

台湾を守るため、アメリカが核兵器を用いたとする。先制使用である。中国に核ミサイルが着弾する。あるいは、中国の艦艇（たとえば新造空母の福建）に核ミサイルが命中する。この核攻撃の責任は、（台湾ではなく）アメリカにあることになる。よって、中国の報復攻撃はアメリカに向くであろう。米中の核戦争である。アメリカも、中国も、米中の全面核戦争は望まない。よって、「台湾を守るため、アメリカが核兵器を用いたとする」という、最初の想定が非現実的なのである。

*

台湾を守るため、台湾が核兵器を用いたとする。先制攻撃である。中国に核ミサイルが着弾する。あるいは、中国の艦艇（たとえば新造空母の福建）に核ミサイルが命中する。核兵器を供与したのはアメリカ（あるいは第三国）かもしれないが、核兵器を使用すると決め、ボタンを押したのは台湾である。よって、中国の報復攻撃はアメリカではなく、台湾に向くであろう。

台湾と中国が核ミサイルを撃ち合えば、中国はかなりの被害を受ける。台湾は壊滅的な被害を受ける。中国にしてみれば、台湾は統一してこそ価値がある。台湾を破壊し尽くしてしまえば、政治的な価値がなくなる。よって中国は、台湾と核戦争になることを望まない。台湾は、独立を守るため最後の手段として、核攻撃をためらわないかもしれない。ならば、中国は台湾を追い詰めて核のボタンを押させるようなことは避けるだろう。

つまり、核兵器は、あるだけで用いられないが、台湾を守るのである。

台湾への核リース

台湾に核があれば、台湾の独立は保てる。アメリカ軍や自衛隊が駆けつけて通常戦力で守らなくても。

問題は、では、台湾にどうやって核を届けるか。

台湾を、アメリカは独立国として承認していないので、台湾に核を届ける方法がない。条約を結んで、核兵器を供与することはできない。

＊

けれども緊急措置として、台湾に核兵器を届けることは、やればできる。

まず、台湾軍のパイロットや整備員をアメリカで訓練して、F35戦闘機を使いこなせるようにする。F35はステルス戦闘機で、通常のF35Aのほかに、垂直離陸ができるF35Bもある。戦闘機だが、核弾頭をつけたミサイルを装着できる。相手国の奥深く侵入し、目標の近くからミサイルを発射する。精密誘導の核弾道ミサイル並みの脅威になる。

台湾がいよいよとなった場合。このF35が気がついたら、台湾の飛行場にいればよい。どういう経緯でやって来たのかわからないが、ともかくいる。この事実が周知されれば、核抑止力として機能するだろう。

台湾が核兵器を持てば、中国は台湾に軍事侵攻することを躊躇する。アメリカ軍や自衛隊のおおぜいの将兵の生命が救われる。中国軍の軍人たちの生命ももちろん救われる。台湾に核リースをすることは、アメリカにとっても利益が大きい。台湾にとって利益があることは言うまでもない。実現する可能性があるということだ。

＊

核保有国が同盟国に核兵器を供与することを通常、核共有（核シェアリング）という。核兵器は同盟国にあるのだが、発射ボタンは同盟国ではなく、核保有国が握っている。でも、先ほど来考えているのは、核兵器を供与された同盟国が、核の発射ボタンを握るパターンである。核ミサイルを発射しても、それが元の核保有国の決定でなく、核を供与された同盟国の決定であるという点がミソだからだ。

区別のためこれを、核レンタルとか核リースとかというとよいと思う。

4 核レンタルというオプション

日本は核武装するべきか

日本は、核兵器を開発する能力がある。ウラニウムやプルトニウムも、入手できないことはない。そして、各種のミサイルは自前の技術をもっている。数年あれば、核保有国になれるということだ。

では、日本は核保有国になるべきだろうか。

＊

核保有国になることの、メリットとデメリットはつぎのように整理できる。

まずメリットは、

（1）相手国の核兵器に屈することなく、安全を保障できる。
（2）核保有国としての発言権を、国際舞台で手に入れる。
（3）通常戦力にかける経費を節約できる。

いっぽうデメリットとしては、

（1）核戦争のひき金になるかもしれない。
（2）核のボタンを握るリーダーには、すぐれた見識と政治力が必要（無理）。
（3）周辺国から脅威とみなされ、軍事的緊張が高まる。

（4）それまでの核の傘から離脱し、政治的冒険主義に走るかもしれない。
（5）アメリカに潜在敵国とみなされ、政治や経済にさまざまな不都合が生じる。

などがあるだろう。要するに、よいことばかりではない。

＊

歴史をふり返ると、日本は、軍事や外交についてまともに考え行動するのが下手くそだった。

ちっぽけな島国だったので、明治の日本は国防を強化した。海軍を整え、陸軍も整備した。そこまではよかった。だが、軍と政治を結びつけるのを怠り、むしろ切り離した。そのため、予算をぶんどり昇進をめざし、軍のための軍を追求する「軍部」という官僚組織ができあがった。軍を指導する強い哲学や理念が育たなかった。その結果、大東亜戦争という失敗を避けられなかった。

戦後はどうか。軍事と戦争のことをまともに考えるのを怠った。世界の現実から目を背けてきた。そのくせ日米安保をあてにし、安全保障はアメリカに丸投げしてきた。政治家も国民も、軍事や外交について考えるのが苦手である。

こういう貧弱な伝統しかない日本が、核に手を出すのは、子どもがピストルを手にするようなもので、はなはだ心配だ。核兵器をもつのは百年早い、が著者の考えである。

アメリカ軍の核

戦後の日本人の幼稚な思考の例。

「非核三原則」[*]というのがあった。

核兵器を「持たず、作らず、持ち込ませず」。「持たず、作らず」はよいとして、「持ち込ませず」とはどういうことか。

戦後日本の安全保障の柱は、日米安保条約である。アメリカの軍事力（核戦力を含む）に頼って、自国の安全を確保する。アメリカの核の傘に守られているのは明白である。でもそのことを認めたくない。戦後日本のわれわれは、核と無縁であることにしたい。唯一の被爆国で、戦争をひき起こしたことを反省した。核に対する拒絶反応が人びとの間に行き渡っていたので、政治家もそれに合せて、実態を言い繕ったのである。

＊

実態はどうか。アメリカ軍はふつうの軍隊である。安全を守るために、必要な行動を取る。核兵器は戦力の不可欠な一部である。戦略核ミサイルを分散配置し、各正面には戦術核

＊非核三原則……一九六七年に当時首相の佐藤栄作が表明した、核兵器を製造せず、保有せず、持ち込みを認めないという原則。

を配備している。返還前の沖縄には核兵器があった。空母や原潜が常時核兵器を搭載しているのは当然だ。

この当たり前の実態を、日本の政治家は認めることができなくなった。

アメリカ軍は、核兵器の所在について明らかにしない。（当然だ。）核兵器を日本には持ち込まないことを原則とし、持ち込む場合には日本側と「事前協議」を行なうという。その事前協議の申し出がないから、核は持ち込まれていません、が政府の説明だ。子ども騙しと言うべきである。

アメリカ軍の核を認めることができない。ならば、日本が核を持つという可能性も、リアルに考えることができない。安全保障の基本的なメカニズムを、頭のなかに組み立てることができない、ということだ。

核レンタルという選択肢

こういうひ弱な思考しかできない日本人が、自力で核武装するのは百年早い。

ただ、アメリカの核の傘がほころびて、日本が周辺国（とくに北朝鮮）の核の脅威にもろに晒されていることが突然実感されると、「では日本も核武装だ」と短絡的に反応する人びとが必ず出てくる。核保有にはさまざまなデメリットがあることも考えなければならない。

＊

そこで浮かび上がるのが、核レンタルという選択肢だ。

核レンタルは、アメリカから核兵器を貸してもらう。それを預かって、日本の戦力の一部に加える。日本側が必要に応じて（たとえば、核攻撃を受けた場合に、即座に反撃する場合に）使用する。預かった核兵器の、核のボタンを日本側がもつという運用がポイントである。

この選択肢の、日本側にとってのメリットは、

（1）核兵器による反撃能力をもつことで、核攻撃を受けない抑止力を手にできる。
（2）核兵器をいちから開発するコストと時間を、節約できる。
（3）アメリカから核兵器を提供されるので、アメリカに警戒されずにすむ。

アメリカにとってのメリットは、

（1）日本が自力で核武装するのを防ぐことができる。
（2）日米の同盟関係が維持できる。
（3）日本が核で反撃するので、アメリカ本土が核攻撃されるリスクが低い。

レンタルした核の発射ボタンを誰がもつのか、事前によく調整しておく必要がある。

ステルス戦闘機のミサイル

では、核レンタルとは具体的に、どうやるのか。

さまざまなやり方があるだろうが、いちばん簡単そうなのは、F35ジェット戦闘機のミサイルに核弾頭を搭載することだ。

F35戦闘機には、F35A（通常の離着陸をする）、F35B（短距離の離陸と垂直の着陸ができる）、F35C（艦載機）の三種類がある。一機一〇〇億円以上する。日本はF35Aを数十機配備している。そのほか、ヘリコプター空母を改造した「いずも」、「かが」に搭載するためF35Bを導入する予定である。

F35Aは通常弾頭のほか、核弾頭をつけたミサイルも発射できる。最近、報道された。ということは、日本の自衛隊機も、戦術核弾頭を搭載したミサイルさえ手に入れば、（そしてちょっとした改修をほどこせば）相手国を核攻撃できるということだ。

日本政府は、核保有する意思を示したことはない。けれども周辺の国々は、F35Aを配備しているのをみて、日本はいざとなればあっと言う間に核保有国になるかもしれない、と分析しているはずである。

＊

▲F35Bステルス戦闘機　写真：時事

▲F35Aステルス戦闘機　写真：時事

Ｆ35Ａはステルス性能にすぐれた多用途の戦闘機である。核ミサイルを装着すれば、戦術核ミサイル並みの脅威となる。日本の軍事力は、核保有の一歩か二歩手前というところまで来ている、と認識しなければならない。

というわけで、核レンタルはありうる選択肢のひとつだが、問題点もある。

核拡散防止条約に抵触する

現在、世界の核兵器は「核拡散防止条約」の枠組みによって管理されている。

この条約は、簡単に言えば、すでに核兵器をもっている「核保有国」の核を認める、それ以外の国々が新たに核保有をするのを禁止する、というものだ。不公平なようだが（そして不公平なのだが）、これ以上核保有国が増えて、核戦争が起こる可能性が大きくなるのを防ぐという意味がある。

核共有（核シェアシリング）にせよ、核レンタル（核リース）にせよ、核を保有していない国が核を手に入れるという話である。核保有国が増えてしまう。国際社会の軍事バランスがぐらついてしまう。

＊

日本はアメリカから核レンタルをして、自国の安全をはかる。日本にとっては合理的な選択かもしれない。でもそれを認めれば、韓国も、イスラエルも、さまざまなアメリカの同盟国が核レンタルを願い出るだろう。そして、それに対抗して、ロシアや中国の核をレンタルしたいという国も出てくるかもしれない。核レンタルは、パンドラの匣《はこ》を開けてしまうことになる。

核武装はもっとまずい

核レンタルにはこのように問題があるが、核武装はもっと問題がある。

核武装は、核兵器を持たない国が自前の技術で、核爆弾をいちから開発し、ミサイルなどの運搬手段も開発して、実戦に配備すること。非核保有国が核保有国になってしまうことである。北朝鮮のようだ。もろに核拡散防止条約に抵触する。

日本が核開発をして、核保有国になることを、諸外国が認めるだろうか。

アメリカは、核拡散防止条約にコミットしている手前もあって、公然と日本の核武装を支持することはない。日本をコントロールできなくなるので、歓迎しないに違いない。ほかの西側諸国も、日本に制裁（経済制裁）を科す可能性が高い。中国やロシアも日本に対する警戒を強める。日本にとってよいことはひとつもない。

＊

日本が核を手にする目的はなにか。核攻撃するぞと周辺国に脅かされ、政治的圧力をかけられるのをはね除けたいだけだ。万一核攻撃されたら、きっちり自分の手で反撃できるようにしたいだけだ。それなら、核レンタルのほうが目的に適っている。

核レンタルは現実的

こう考えてみると、核レンタルは、なかなか現実的な選択肢である。

核拡散防止条約については、こう対応してはどうか。日本とアメリカのあいだで、いざという場合に核弾頭ミサイルをレンタルすると約束だけしておいて、核弾頭ミサイルそのものはアメリカ軍が保管しておく。核レンタルのその瞬間まで、核拡散防止条約に違反していない。核レンタルを行なうのは、相手国が核ミサイルで攻撃してきたあとだから、緊急事態である。核拡散防止条約がどうのと言っている場合ではない。

＊

核レンタルは、核拡散防止条約に違反しない、というルールにすればよいのかもしれない。

レンタルした核兵器の所有権は誰にあるのか。レンタルしただけで、所有権が移転していないのだとすれば、自衛隊のF35A戦闘機に装着した核ミサイルは、依然としてアメリカ軍が所有している。日本が所有していない。それなら、日本は核保有国ではない、という解釈も成り立つ。

核レンタルは、核武装してコントロールの効かない国がどんどん増えるのに比べれば、まだしも核保有国のコントロールが効く状態だ。核拡散防止の趣旨に合っているとも考えられる。

＊

日米安保条約を核レンタルとセットで考えることにすれば、核の傘が機能しなくなったほころびを繕うことができるかもしれない。

北朝鮮が日本に、核ミサイルを使うぞと脅しをかける。日本はアメリカの核ミサイルをレンタルしてもらって、反撃の準備をする。北朝鮮といえども、うかつに手を出すことはできない。

＊

日本がレンタルした核ミサイルで反撃したとする。

北朝鮮は、日本が撃ったのかもしれないが、元はと言えばアメリカの核兵器である。よって北朝鮮は、アメリカに報復する権利がある。こう主張して、アメリカ本土を核攻撃しないだろうか。それが確実に予想できるとしたら、アメリカは日本に核兵器をレンタルしないのではないか。

こういう力学を防ごうと思えば、核ミサイルをレンタルする時期は、いざという場合よりもずっと早い時点であることが望ましい。そして、レンタルが行なわれたことは、公表しない。日本は、核のボタンを手にしているのかもしれないし、手にしていないのかもしれない。北朝鮮は、どちらだろうかと迷う。核を持たない丸腰の日本を脅すのに比べて、手の内を読みあぐねて困るのではないか。

核について何をわきまえておくべきか

核レンタルを考慮する核戦略は、考慮しない場合にくらべていっそう複雑だ。

核戦略のこれ以上細かな問題は、専門家がしっかり検討してほしい。技術的な問題も、軍事や外交の問題も、国内世論の問題もからんだテーマだからである。

専門家が検討したことがらを、政治家がわかりやすく一般の人びとに伝える。そして一般の人びとが判断する。一般の人びとは、安全保障と核の問題について最低限、どういうことをわきまえておけばよいだろうか。

*

安全保障の目的は、人びとが、平和に安全に、幸福に暮らせることである。自分たちの国の人びとが。そして、世界のすべての国々の人びとが。

本書をここまで読んできた読者の皆さんは、十分おわかりだと思う。念のため、整理しておこう。

(1) いちばん大事なこと。……核戦争を避けること。

核爆弾は、破壊力が大きい。軍隊や兵器はもちろん、社会インフラまで吹き飛ばしてしまう。その破壊力は大きすぎて、人間の想像力が追いつかないほどだ。核爆弾を撃ち合う核戦争は、人類文明を破壊してしまう。人類の終末かもしれない。核戦争を起こさないことを、最重要な目標としよう。

（2）**つぎに大事なこと。……通常戦争が核戦争に移行するのを防ぐこと。**

戦争は、国と国との紛争を解決する手段である。残念ながら、戦争を完全になくすのはむずかしい。通常戦力による通常戦争は、起こるときには起こるものと覚悟しなければならない。そして通常戦争は、核戦争に移行する場合がある。かつて日米戦争は、核戦争に移行した。移行するには条件がある。双方が核兵器をもってにらみ合っている場合、これまで核戦争が起こったことはない。核戦力の均衡が保たれるように、知恵をめぐらせなければならない。

（3）**あと大事なこと。……戦争と安全保障について、その歴史や現状を学ぶこと。**

核戦争は、いまここにある可能性である。それが現実にならないためには、各国の指導者や、専門家や、軍人はもちろん、一般の人びとが正しい知識と関心をもち、賢明に適切に行動する必要がある。賢明に適切に行動することを、自分たちの誇りとしよう。

（４）最後に大事なこと。……人類の未来を信じ、未来の世代に責任を持とう。

過去の世代が犠牲を払ったおかげで、現在がある。現在を生きる人びとは、未来の世代に責任がある。人類の未来を台無しにしないように、現在できることに知恵をしぼろう。

東アジアは不安定な地域だ。日本のすぐそばに、権威主義的な独裁国家があって、核兵器を開発し、その威力によって現状を変更することを考えている。話し合いで解決がつく相手ではない。隣人は選べない。日本の人びとが望んだことではなくても、これが現実である。日本の安全を守るために、自衛隊があり、日米安全保障条約がある。だが、それが万全でないことがはっきりしてきた。だから核レンタルなど、これまで考えなくてもよかったこと、ほんとうなら考えたくないことを、いろいろ考えなくてはならない。

ひとりでも多くの皆さんが、安全保障について考えを深めていただけるように望んでいる。

第5章　北朝鮮はいかに崩壊するか

北朝鮮はしぶとい。

ふつうなら社会が壊れてしまうような極限状態で、まだ社会として成り立っている。ふつうの常識が成り立たない世界だ。

アメリカは、どうせすぐ北朝鮮は体制がもたずに崩壊してしまう、とタカをくっていた。ところが崩壊しなかった。ちゃくちゃくと核開発を進め、ミサイルも改良を重ね、気がつけばれっきとした核保有国になってしまった。完全な見通しの誤りである。

*

けれども北朝鮮は、無理に無理を重ねている国である。こんな体制が永遠に続くはずはない。いつ、どんなふうに崩壊するのか。北朝鮮が崩壊したあと、朝鮮半島はどうなるのか。安全保障と核の問題はさておいて、北朝鮮のこれからについて占ってみよう。

1　金王朝の脆弱さ

ソ連はなぜ解体したか

北朝鮮の体制の今後を占ううえで、参考になるのは、ソ連と中国だろう。

ソ連は、社会主義が行き詰まって解体した。中国は、ソ連のように解体するかと思われたが、生き残った。北朝鮮は、どちらのタイプなのだろう。

順番に考えよう。

ソ連が解体した理由。それはソ連が、イデオロギーでできていたからだ。

イデオロギーとは、ある決まった考え方（価値観）。本当は証明が必要なことがらを、証明抜きで正しいと考えることである。「人類の歴史は階級闘争の歴史である」「資本主義は矛盾が深まって、社会主義、共産主義に移行する」「プロレタリア（無産労働者）の前衛である共産党が、革命を指導する」「共産党は無謬である」……。共産主義のイデオロギーが正しいことは、どうやってわかるか。革命が成功することによってわかる。資本主義を社会主義が追い越し、打ち負かすことによって証明される。だが、実際にはどうか。社会主義経済は足踏みし、資本主義経済は発展している。イデオロギーに対する疑念が生じた。イデオロギーが正しくないなら、共産党は存在理由がない。共産主義を信じていた人びとが共産主義を信じなくなった。信念がもてない。アノミー（無規範）である。共産党も、ソ連の体制も、ボロボロになってしまう。小室直樹『ソビエト帝国の崩壊』の分析と予言である。

ゴルバチョフがペレストロイカを始めると、ソ連の内情が明らかになった。本気でソ連を支えようというひとは誰もいない。白蟻に喰われたように、ソ連の内実はボロボロになって朽ち果てていた。

中国はなぜ生き残ったか

ソ連よりひと足早く改革開放に舵を切った中国は、どこに進むのかわからなかった。東欧諸国がつぎつぎ社会主義陣営を離脱すると、つぎは中国かも、と人びとは思った。中国共産党は天安門事件（一九八九年六月四日）で締めつけをはかった。資本主義の市場経済を採用するが、政権は中国共産党が握る。「社会主義市場経済」である。世界に例のない体制が始まった。以来、このやり方はびくともしていない。

ソ連は解体したのに、中国の体制が堅固である謎。その秘密は、話せば長いが、簡単にまとめるとこうである。

（1）　中国革命を成功させた中国共産党に対する信頼がある。

（2）　農村ではかつて人民公社、いまは村民委員会、都市では単位や居民委員会のような組織があって、人びとを底辺でつなぎとめている。

（3）中国共産党の支部があらゆる組織に張り巡らされていて、共産党の指導なしに社会は動かないようになっている。
（4）政府機関や国営企業、軍隊、メディアなど社会の根幹を共産党が押さえている。

中国共産党は、名前は党だが、単なる政党を超えたものだ。ソ連には官僚制の伝統が薄かったが、中国は何千年もの伝統がある。加えて、中国共産党は伝統的な官僚制よりもサイズが大きく、末端にまで食い込んでいる。中国共産党なしでは社会が回らない仕組みになっている。

朝鮮労働党はどうか

朝鮮労働党と、ソ連共産党、中国共産党を比較してみる。

ソ連共産党は、ロシア革命で政権を握った。もともとあった軍の一部が、革命側についた。以来、世界の先頭を切って社会主義建設を進め、ナチス・ドイツの侵攻を押し返し、重工業と科学技術を推進した。革命の担い手であることははっきりしている。

中国共産党は一九二一年に、コミンテルン（国際共産党）の中国支部として作られた。そのあと紅軍を率いて中国革命を進め、国民党との内戦に勝利して、中華人民共和国を樹立した。軍と一体化した政党組織である。同じく革命の担い手であることははっきりしている。朝鮮労働党は、朝鮮の独立になんの役割も果たしていない。革命もやっていない。単にソ連の後押しで、北朝鮮の支配勢力に収まっただけだ。金日成《キムイルソン》は実績をつくろうと、朝鮮戦争を始めて頓挫した。朝鮮労働党は革命のまねごとをしているが、ソ連共産党や中国共産党に匹敵するような革命の担い手ではない。

そこで朝鮮労働党が人びとに吹き込んでいるのは、根拠のないお伽話のたぐいである。北朝鮮の人びとは、それを感じ取っている。大きな声でそれを言えないだけだ。

「一億玉砕」はありうるか

大日本帝国では戦争末期、人びとは「玉砕」を覚悟していた。

「玉砕」とは聞こえはいいが、要するに、軍人も民間人も戦争に負けて殺されるか自死することである。戦争は本来、人びとの生存と幸せのためにやることだ。それが全員「玉砕」したのでは、なんの合理性もない。戦争の継続が自己目的化している。

戦争の末期、アメリカ軍は、日本人の志気が衰えておらず、どんなに劣勢で絶望的な状況でも戦闘を継続するだろうと考えていた。南洋諸島のバンザイ突撃や、サイパン島の惨状や、硫黄島や沖縄での戦闘の模様からそのように分析したのだ。

＊

人びとがそのように「玉砕」の覚悟を決めたのは、軍が主導した、思想統制や皇民教育の効果であるかもしれない。だがそれ以上に、幕末明治以来の尊皇思想に駆動されてナショナリズムを築いた人びとの、自負と献身の表明なのかもしれない。戦争に負けることは上位自我の危機である。命を惜しまぬ献身は、自我を上回る究極の価値を明らかに実在させる。献身するから価値が実在し、価値が実在するから献身する。「玉砕」を可能にする奈落の螺旋だ。

＊

北朝鮮の人びとに、こうした献身と価値の螺旋があるだろうか。

たしかに、人びとは「百日戦闘」などのかけ声のもとで、献身する。マスゲームやパレードで整然と行進し、歓声をあげる。でも不思議に醒めている。どうせ「百日戦闘」が終わればみんな疲れ切って能率が下がり、元の木阿弥《もくあみ》さ。テキトーに忙しいふりをして手を抜こう。キャンペーンはキャンペーンと見切って、自分の身を守っている。

ふるまいは熱狂している。熱狂の裏で、シラケている。シラケているところを見せないから、熱狂である。シラケているところに、価値は実在しない。

*

特攻隊のような現象が、北朝鮮で起こるだろうか。

特攻隊は若者が志願して、決死の任務につくのだ。本当に志願したのか、任務に納得していたのか、という問題はある。でも、国のためだと信じてその任務についた若者が大勢いた。彼らが「騙されていた」とか「無駄死にだった」とか総括するのは、彼らに対して失礼であろう。

北朝鮮の人びとは、金正恩《キムジョンウン》のために死なないだろう。金正恩は天皇ではない。金正恩は北朝鮮というネイションの伝統と友愛と統合の象徴ではない。金正恩は自分の権力を保つために、身内を失脚させ殺害したり、公開処刑に人びとを駆り出したり、ひと握りの人びとを優遇するいっぽう残りの人びとが飢えても平気だったりする。多くの人びとが金正恩を軽蔑し憎んでいる。

金王朝は脆い

北朝鮮の社会は、かたちは整然と動いている。さまざまなセレモニーやイベントの機会

▲2023年9月、平壌の金日成広場で行なわれた軍事パレード
写真：朝鮮通信＝時事

に、人びとは熱狂的にそれを支持しているような演出がなされる。

けれどもその実、人びとは誰も、本気でこの社会を支えようと思っていない。自分の手でこの社会を築き上げた感覚がない。周囲に合せて動いているだけで、この社会の価値観を心の底から信じているわけではない。かつてのソ連と同じように、シラケている。

だからこの社会は脆い。

金正恩とその一族は、何かことが起これば、国を捨てて逃げ出そうと思っている。（かつてヨーロッパでも、君主はだいたいそうだった。）労働党や軍や政府の高級幹部とその家族も、自分たちだけ助かろうと思っている。そんな連中に指導されているふつうの人びとも、彼らのために自分が貧乏クジをひくのはまっぴらだと思っている。要するにちょっとしたきっかけで、この社会はバラバラになってしまう。

＊

ではそれは、どんなきっかけか。

どういう状況なのか。

2 金王朝が倒れる条件

お世継ぎ問題

金王朝（北朝鮮の権威主義的独裁体制）に、備わっている弱点がまずある。第3章でも指摘しておいた。

それは、独裁者（金正恩）の後継問題だ。

＊

一般に、独裁権力の継承はむずかしい。

独裁者とは、すべての権力を一身に兼ね備え、ほかの誰にもその権力を渡さない人物のこと。独裁者以外の誰も、それに匹敵する権力をもっていない。独裁体制は、独裁者がいることを前提とするシステムである。

独裁者も死ぬ。独裁者が死ねば、その権力を、ほかの誰かが継承しなければならない。その継承のルールは、決まっていない。誰がつぎの独裁者になるか混乱する。誰かがつぎの独裁者になろうとして、果たして人びとがそれを認めるかという問題もある。（独裁者の権力が、人びとの承認にかかっているのでは、独裁と言えなくなるのでもある。）

＊

金王朝の場合、「白頭山《ペクトゥサン》の血統」という幻想をふりまいて、その継承を正当化した。また、独裁者は後継者を指名して、時間をかけて準備をしてきた。突然に死んでしまうリスクを回避するためである。

後継者が誰かはっきりしないまま、独裁者が死んでしまう。これが体制の最大のリスクである。

だから後継者を決めておく。これがお世継ぎ問題である。

女性が後継者

金王朝は、日本の天皇制に似ているのだった。

日本では、女性天皇（女系天皇）などお世継ぎ問題が懸案になっている。金王朝もこれに似た構図がある。

金正恩は、自分に万一のことがあった場合を考えなければならないので、金ジュエを後継者に決めた。いわば女性天皇である。女性天皇にすんなり権力が継承できるか、女性天皇のつぎの後継者はどうなるか、という問題がある。

＊

女性の後継者は金王朝にとって、きわめてリスクが大きい。

金ジュエが、北朝鮮の最高権力者として務まるか、まったくの未知数である。だから早めに本人を訓練し、周囲を慣らしておこうということだろう。金正恩の目が黒いうちは、みんな言うことを聞いている。だが金正恩が不在になれば、みなが金ジュエに従うかどうかわからない。たとえ金与正《キムヨジョン》が全力で、金ジュエを支えたとしても。

金ジュエが原因で、北朝鮮のシステムにひびが入る可能性がある。北朝鮮の体制に変調が起きたとき、金ジュエが適切に対処できず、事態を致命的なものにしてしまう可能性もある。

天皇制の教訓

アメリカには、北朝鮮の体制リスクを研究している学者や専門家がいる。そしておそらく、日本の降伏と体制転換が成功した事例も参考にしているはずだ。

日本の体制転換が成功したポイントは、以下のようである。

（1）天皇が、降伏を決定し、降伏するように軍と国民に命じた。

（2）天皇は、アメリカの占領と戦後改革に協力的で、それを支持した。

（3）軍は解体されたが、政府機関や社会組織はそのままで、責任を追及されたのはごく一部の人びとにとどまった。

（4）戦後改革は土地の分配など民主的な政策が多く、人びとに歓迎された。

要するに、天皇が民主主義者に改宗して、人びとがそれに従ったのだ。

＊

かりに金正恩の政権がアメリカと戦って敗れ、降伏に近い状態に追い込まれたとして、昭和天皇のように「民主主義に改宗」することがあるだろうか。

ありえないと思う。昭和天皇はもともと、西側の政治哲学にもとづいて、憲法秩序と天皇の役割についてきちんと帝王学を教えこまれていた。だから民主主義に改宗し、新しい憲法秩序に適応することができた。金正恩は、憲法秩序などどうでもよく、熾烈な権力闘争を生き残るすべだけを身につけてきた。アメリカの軍門に降《くだ》るなど自己否定に等しい。「民主主義に改宗」しようなど、かりに思ったとしてもできないだろう。

つまり金正恩は、アメリカにとって使い道がないということだ。罪を認めて終身刑を宣告され、みすぼらしく収監されて年老いる、みたいな結末が望ましい。

＊

では、金ジュエはどうか。

金ジュエは、金正恩ほど独裁者の体質に凝り固まっていない。少なくともいまのところは。けれども西側の教育の素養とか、柔軟な理解力があるかというと、これも疑わしい。混乱のなか身柄を確保して、「白頭山の血統」の正統性を確保したまま、北朝鮮の新生の象徴、みたいに使えるとよいのだが、それにしては金正恩の色がつき過ぎている。アメリカにとってはやはり使い勝手が悪い。

＊

暗殺された金正男《キムジョンナム》の、息子の金ハンソル（漢率）はどうか。

金ハンソルは金正日《キムジョンイル》の長男の長男で、男子である。金ジュエに比べても、「白頭山の血統」として申し分ない。リベラルな思想の持ち主で、父を暗殺されたことから金正恩の体制にはきわめて批判的であり、アメリカＣＩＡの庇護のもとにあるという。

金正恩や金ジュエなど金一族が、戦乱のなかで命を落としたり海外に逃亡したりして不在となったとする。金ハンソルが、アメリカの支援のもと、切り札として登場する余地がある。歴代の金王朝がどんなに国民をないがしろにし、騙し、誤った政策を続けてきたか説明する。脱洗脳プログラムである。それを、金ハンソルが行なう。ありうるシナリオである。

このやり方の問題点は、金王朝からの脱洗脳プログラムが、金王朝の一員によって行なわれること。矛盾と言えば矛盾だ。

日本の敗戦のケースでは、戦前からの帝国憲法も帝国議会も機能していた。議会で帝国憲法を改正し、戦後の秩序をつくり出すことができた。その正統性の連続を保証するのが天皇だった。天皇は、憲法や議会と組み合わさって機能したのだ。

金王朝が崩壊したあと、憲法も議会も機能しない。軍も朝鮮労働党も、北朝鮮社会の再生に使えない。選挙で新しい政権を成立させる、みたいなシナリオは（アメリカはよくやりたがるが）非現実的だ。そこで一時しのぎに、出番があるのが金ハンソル。でもこれでうまくいく保証はまるでない。

金王朝が倒れるとき

金王朝を支えるのは、どんな力の組み合わせか。

第一に、朝鮮労働党の一党支配。あらゆる権力、あらゆる資源を支配している。第二に、軍。軍は当然ながら、組織された実力部隊で、党と政府の首脳の支配に服している。第三に、政府や銀行や国営企業や農場や……といった実務組織。党など権力機関に支配されていて、人びとの自立した活動の拠点にはならない。第四に、公安や秘密警察など。独自の監視態勢を整えていて、密告や摘発により反革命分子を取り締まることができる。摘発した人びとを監視し処罰する収容所があって、常時、数十万人を閉じ込めている。

物資がつねに不足し人びとが飢えていることも、支配の手段である。食糧が足りなければ、人びとは反抗するエネルギーがなくなる。食糧や物資の分配が生きていくための命綱だから、反抗することは考えられない。がんじがらめの監獄国家である。

この体制のもとでは生きていけないと思った人びとは、命懸けで国境を越え、脱北をはかるしかない。

これらの力の組み合わせがバラバラになれば、この体制は崩れる。

＊

いちばんのポイントは軍である。軍はそもそも、どんな独裁政権であっても、政権を倒すことのできるほぼ唯一の勢力である。だから政権の、軍に対する統制は厳しい。ただし軍は、その任務の性質上、その一部分が独立して行動できるようになっている。ふつうその独立した行動のユニットは、（陸軍では）師団である。そうしたユニットを、最高指揮部門が束ねている。

軍の最高指揮部門が破壊されるか消滅するかしてしまうと、軍は組織的な行動ができなくなる。政権の危機である。戦争の最中には、こういう状態が起こるかもしれない。

＊

それと関連して、クーデターの可能性。

北朝鮮は軍のクーデターを警戒して、前線の部隊が平壌《ピョンヤン》の方向に北進するのを原則禁止している。それを逆手にとってクーデターを起こすことができるかもしれない。

前線の部隊の指揮官（師団長クラスかそれ以上）がまず、師団によるクーデターを決意する。そして、平壌周辺で小さな部隊の反乱を起こす。別な部隊の中隊長でもよいので、とにかく何かの事件を起こさせる。すは、クーデターだ。そこでクーデターを鎮圧するためと称して、平壌方面に緊急出動する。そして平壌を制圧してしまえば、ほかの部隊は手出しができない。北朝鮮の最高首脳は、身柄を拘束されて人質となる。金ジュエがトップにすわった体制では、さまざまな不満が最高首脳に向けられ、こんなタイプの叛乱《はんらん》が起きる可能性がある。

3　北朝鮮の解体シナリオ

中国が見限る

北朝鮮を支えてきたのは、中国である。

中国は、朝鮮半島に北朝鮮が存在し、韓国やアメリカとの緩衝地帯になっていることに利益を見出していた。そのいっぽう、北朝鮮がしばしば中国の言うことを聞かないので、悩まされてもきた。核保有国になってからは特に、自分勝手が目立っている。

中国は、北朝鮮にパイプを持とうとしてきた。たとえば、金正男や張成沢《チャンソンテク》である。金正恩が彼らを殺害したのは、中国の影響を排除しようとした意味もある。中国はいざとなれば、北朝鮮を軍事占領して、傀儡政権を立てる計画を、参謀本部の引き出しに隠しているはずだ。それをすぐ実行しないのは、リスクが大きいから。そして北朝鮮が、中国と険悪な関係になりすぎないように気をつかっているからだ。

＊

北朝鮮があまりに身勝手を繰り返すと、もはやこれまでと、中国が北朝鮮を見限る可能性がある。その場合、中国は、ロシア、アメリカに手を回して、北朝鮮に政変をひき起こす了解をうる。そして、中国の主導権でことを進めようとするだろう。

北朝鮮は、ことあるごとに中国が介入するので、さんざん手を焼いてきた。中国の介入を排除しようとする、自然なナショナリズムの意地がある。中国の筋書きどおりにことが運ぶとは限らない。

＊

朝鮮半島で本格的な軍事衝突が起こり、北朝鮮の政権が存立を脅かされるような事態では、誰も状況をコントロールできない。中国が参戦して北朝鮮を支えるようなこともできないだろう。あれよあれよと言う間に、北朝鮮が自滅してしまう場合もありうる。その場合には、戦いに勝った側が、戦後処理に大きな発言権をもつことになる。

北朝鮮は勝利するのか

逆に北朝鮮が戦争を始め、勝利した場合はどうか。

北朝鮮は戦果を誇り、金正恩は面目を施す。政権の正統性は足許が固まり、国民も熱狂して、北朝鮮の体制はあと五年や一〇年はもちそうだ。西側諸国が待ち望む「北朝鮮の崩壊」は、当分のあいだ起こらないことになる。

*

北朝鮮が戦争を始めるとしたら、こういう結果を期待してのことだろう。

金正恩の取り巻きの軍人は、戦えば負けますとか、戦っても勝てるかどうかわかりませんとか、言うわけにはいかない。きっと勝てます、と言わないと、首が危ない。金正恩のところには、そういう調子のよい楽観的な情報ばかりが上がってくる。金正恩の判断を左右してしまう可能性が高い。

軍人たちの立場は微妙である。本来なら通常戦力を強化してもらいたい。でも通常戦力は、航空機も艦艇も戦車や火砲も後回しで、資源は全部、核開発に注ぎ込まれてきた。そして核開発はめざましい成果をあげ、北朝鮮は核保有国になった。軍人たちはお役ごめんの状態だ。石油も弾薬も、食糧も足りない。まともに訓練もできない。でも戦争となれば通常戦力でしばらく戦わないといけない。そして緒戦に勝利しないといけない。しょっぱなから核兵器を使うわけには行かないのだ。無理難題である。なのに結果を求められている。心ならずも、勝てますとテキトーなことを言うことになる。

金正恩は勝てると思って、戦争を始める。始めてみたら、あちこちボロが出て、逆に押し込まれる。そういう展開になる可能性が高い。

さまざまなシナリオ

北朝鮮の体制は、将棋で言うと「穴熊」のようで、玉将の周囲をたくさんの駒が守っていて、ちょっとやそっとでは崩れないようになっている。それが崩れるのは、いくつかの要因や偶然が重なったとき、つまりよくよくの場合だと思えてしまう。

それでも、北朝鮮の体制が長続きするはずはない。それは、無理に無理を重ねている。そして、脆い。誰も本気で、この体制を守ろうと思っていない。この体制がすばらしいと心底思っていないのだ。

＊

当面考えられるさまざまな崩壊のシナリオを、いろいろな場合に整理してみよう。

A　権力の継承がひき金になる場合

A1　若すぎる金ジュエが後継者になる（金正恩が急死するか寝たきりになる）

↓金ジュエが権力を掌握し切れず、指導部の内部で抗争と混乱が生ずる

A2　金ジュエと後見役の金与正のあいだで対立が生ずる

↓金与正派、ついで金正恩派が排除される

指導部が弱体化し混乱する

B　戦争がひき金になる場合

B1　勝てるつもりで戦争を始めるが逆に押し込まれてしまう

↓敗勢のなか休戦する

軍に責任を取らせるが、指導部にも責任が及ぶ

B2　勝てるつもりの戦争がうまく行かず、やむなく戦術核を使う
↓戦術核で反撃され、敗勢のなか休戦する
指導部が国際的に非難される

B3　勝てるつもりの戦争がうまく行かず、途中から核兵器の撃ち合いになる
↓北朝鮮は壊滅的な状態になる
韓国、日本、アメリカもひどい状態になる

C　それ以外の場合
コロナを上回るパンデミックが襲うとか、軍がクーデターを起こすとか、側近が宮廷革命を起こすとか、不測の事態がないとは言えない。詳細にシナリオを書くことができない

このほか、崩壊しないで持ちこたえてしまう場合もある。三八度線を越えて優勢に戦いつつ休戦する場合とか、台湾有事に朝鮮半島で第二戦線をつくる場合とか。それらについては、先立つ章でのべた。

どう備えればよいか

北朝鮮の体制が解体するとすれば、以上のようなシナリオが考えられる。ただし、それぞれのシナリオのようになる可能性は大きくない。北朝鮮はこのまま存続できず、いずれ大きな曲がり角を迎えるだろうが、そのシナリオがどれになるか読めない、ということである。

*

北朝鮮の体制が解体するとは、どういうことか。

北朝鮮の人びとを統治する政権が、機能しなくなるということ。北朝鮮の人びとが、食糧も産業も社会インフラも安寧秩序も十分でない無政府状態のまま、放置されるということである。

北朝鮮の体制は、国内の反対勢力を徹底的に根絶やしにしてきた。人びとは自律的な活動の機会を奪われた。これまでの政権が権力を失っても、それに代わる勢力を国内にみつけることができない。

こういう状態で、北朝鮮の社会秩序を維持するには、北朝鮮を軍事占領するしかない。特に、軍事的な敗北のなか、北朝鮮が混乱を深めている場合は、それが必要だ。さもなければ、北朝鮮軍（の残党）が軍事政権を樹立するであろう。そして、前よりもっと悪くなるだろう。

北朝鮮を、誰がどのように再建するか。そのプランを用意しておく。それが、北朝鮮を取り巻く国々の責任である。

4　北朝鮮の再建プランを考える

北朝鮮の再建プラン

破綻した国家を再建するには、破綻していないどの部分を用いるかを決めることがまず重要になる。

日本の場合。敗戦した日本を再建するのに、軍を解体した。軍は再建の邪魔になる。政府機関と議会は温存した。戦後改革の主体になった。天皇も温存した。平和と国民統合の象徴になった。

イラクの場合。フセインは排除された。フセイン政権を支えたバース党も排除された。そのため、再建を担う政府職員がいなくなった。スンナ派とシーア派の抗争が始まり、国民統合どころではなくなった。バース党を排除したのは誤りだった。

北朝鮮の場合はどうか。

*

金正恩と金与正は排除しなければならない。

排除するには、裁判を経る必要がある。北朝鮮の国内法で裁くことが適当でなければ、国際軍事法廷を設ける必要がある。終身禁固刑で収監するのがよいかもしれない。(本人たちが復讐のため、誰かに暗殺されるのを保護する、という意味もある。)

最高指導部のメンバーは排除しなければならない。

朝鮮労働党の党員や政府職員は、党員だからといって一律に排除しなくてよい。北朝鮮の有能な人びとは、多くが労働党の党員になっている。彼らの力を借りないと、北朝鮮の再建はむずかしい。

彼らのなかに、人道にかかわる罪や不法な迫害に関与したものがいれば、個別に訴追し裁判にかけるべきである。北朝鮮の国内法で裁くことが適当でなければ、国際法にもとづく法廷を設ける必要があるかもしれない。

臨時政府をどう構成するか

北朝鮮の臨時政府をどう構成するか。日本の占領が参考になる。

日本はポツダム宣言を受諾し、一九四五年九月二日に降伏条約に調印した。それにもとづいて、連合国軍が日本を保障占領した。連合国軍最高司令官が日本の主権者（天皇）の上に立ち、超憲法的な権限（主権）を手にした。連合国軍の最高司令部（ＧＨＱ）が日本政府に指示を与えた。この指示は、法律以上の効力をもった。日本政府はそれに従って業務を行なった。県や市町村などの行政機構も維持された。間接統治である。

間接統治は、直接の軍政に比べて、最少のエネルギーで最大の効率をあげることができる。

＊

北朝鮮とは、誰が戦ったのか。

韓国である。アメリカと日本である。それ以外の国々も参戦したかもしれない。多国籍軍である。多国籍軍は有志連合。国連軍ではない。連合国軍でもない。

多国籍軍は、相手国が瓦解した場合、相手国の治安と再建についての責任を負う。相手国の人びとの、生命や安全や財産について、責任を持たなければならない。

責任をもつためには、責任の主体を構成しなければならない。

戦争を遂行しているあいだは、主体は軍だった。軍を指揮する参謀部が、責任主体だった。戦争が終われば、戦闘ではなく統治が必要になる。軍政であれば、指揮官と幕僚がその任にあたる。北朝鮮は大きい。軍と別に、新たな統治機構をつくったほうがよい。

北朝鮮の戦後処理を行なう「臨時政府」だ。

*

日本を占領したGHQは、日本政府と降伏条約を調印し、その条約にもとづいて統治権を譲られて、設立された。

北朝鮮は、混乱のなかで瓦解した場合、そもそも降伏できるほどの統治の実体を保っているか、よくわからない。ナチス・ドイツは降伏する間もなく、瓦解してしまった。降伏したのは、政府ではなく、国防軍の部隊である。ドイツの敗戦とよく似た状況になる可能性がある。

休戦協定を結ぶ場合は、相手は統治の実体がある。降伏条約を結ぶ場合は、相手は統治権を多国籍軍に譲り渡すかもしれない。降伏条約さえ結べない場合は、多国籍軍は北朝鮮を軍事占領して、統治権を掌握したことを宣言する。それは、隣接する中国やロシアを含む、世界の多くの国々によって承認されなければならない。国連の常任理事国がそれを承認することで代えてもよい。

＊

多国籍軍を構成する国々のうち、中心になるのは、韓国とアメリカである。

韓国は、朝鮮半島で北朝鮮と正統性を争ってきた国。言語も共通で、同じ朝鮮民族の国だ。この国の再生を手助けするのに最適である。

アメリカは、東アジアで相変わらず圧倒的な軍事的プレゼンスをもっている。北朝鮮の安全を保障し、中国やロシアとわたりあってこの国の将来を設計するのに、大きな役割を果たせる。

この両国を軸に、日本やほかの参戦国が助けて、ＪＶ（ジョイントベンチャー）のような連合体をつくろう。多国籍軍総司令部（仮称）である。そしてその下に、北朝鮮の政府組織をおおむねそのまま採用して、首相以下の閣僚をおき、北朝鮮臨時政府とする。北朝鮮を間接統治するのだ。北朝鮮軍は武装解除して監視下に置く。秘密警察は解体する。

北朝鮮の軍人は復員して職を失うが、復興事業のために新たな雇用が生まれる。民生の安定に寄与する。

復興資金を調達する

さて、復興には巨額の資金が必要だ。世界中からかき集めよう。社会インフラの整備の原資は、政府の援助（供与や借款《しゃっかん》）だ。道路や港湾や発電所や送電線やガス水道や、……を整備する。食糧を買い付けて現物で送りこむ。北朝鮮国内の物価が高騰しないように注意する。肥料や農機具や石炭石油も供給しよう。

日本は、政府の援助を率先して提供する。かつて韓国に提供した援助に匹敵する額をドカンと北朝鮮に提供する。まず食糧の買い付けにあて、社会インフラの整備は延べ払いか借款にしてもらう。

韓国も、相当額を拠出しなければならない。いわば自国に対する資金供与だ。北朝鮮臨時政府と交渉し、しっかりサインさせる。

アメリカももちろん、それなりに貢献しなければならない。

北朝鮮の高度成長

緊急援助と復興の目鼻がついたところで、北朝鮮への投資がブームになるはずだ。

もともと北朝鮮の人びとは、教育が行き届いていて、勤勉である。規律正しい。安価で豊富な労働力を基礎に、輸出競争力のある産業を育てることができる。

地政学的な利点もある。北朝鮮と韓国が経済的に一体化すれば、釜山から鉄道でソウルと平壌を通り、中国経由シベリア鉄道でヨーロッパまで直通で貨物便が運行できる。一万キロを時速六〇キロで走れば一週間だ。船便よりはるかに早く、航空便より安い。産業立地として、日本や台湾やベトナムより利点が大きい。とりあえず労働集約的な衣料品や軽工業、組み立て産業などに競争優位があるだろう。

政権が金王朝であるあいだ、南北の分断と経済制裁と軍事リスクとで、北朝鮮は発展が阻害されてきた。その制約が取り去られるのだ。

中国と話をつける

さて、北朝鮮がこのように発展するには、隣接する中国とロシアの了解をとりつけなければならない。とりわけ、中国がOKを出すことがとても大切である。

中国は冷戦時代このかた北朝鮮を、自国が韓国やアメリカ軍と隣接しないですむ緩衝地帯と位置づけてきた。北朝鮮が解体して、親アメリカ政権ができ、米軍基地が置かれるなどもってのほかである。北朝鮮の経済発展をはかるについては、中国の懸念を解消しておく必要がある。

中国に話をつけるのは、アメリカの役目だ。アメリカは中国に、こんな約束をすることが考えられる。

（1）北朝鮮は、韓国に併合してその一部になるのではなく、主権をもった独立国としてスタートする。

（2）北朝鮮は中立地帯にし、国際的な管理下におくこととし、その安全と独立を、隣接する韓国、中国、ロシアの三国、そしてアメリカが保障する。

（3）北朝鮮には、アメリカ軍、韓国軍を含む外国の軍隊の基地を置かない。

（4）北朝鮮の核兵器と核施設は、国際原子力機関が接収して廃棄する。

（5）北朝鮮が韓国と、連邦を形成するかどうかは、将来、北朝鮮の人びとの自由に表明される意思にもとづく。連邦を形成する場合にも、（1）～（3）の約束は守られる。

要するに、新生の北朝鮮は、中国の安全保障を脅かすものではないと保証するのだ。

中国がこれで納得するかどうか、わからない。中国がなにか逆提案をしてきたら、多国籍軍司令部と中国とが改めて交渉する。

北の核兵器をどうするか

北朝鮮は核保有国だった。金王朝三代がさんざん苦労して手にした虎の子の核兵器を、そのままにはできない。北朝鮮が多国籍軍に降伏する場合には、核兵器を引き渡すことを条件にする。北朝鮮政府が存在しなくなって降伏もできない場合には、多国籍軍が北朝鮮を征圧して核兵器を探索し確保する。いずれにせよ、北朝鮮の核兵器を（使われたものを除いて）まるごと確保することが重要だ。

*

北朝鮮の核兵器の「所有権」を主張する可能性のあるのは、韓国だ。北朝鮮の核兵器を韓国に引き渡す、などありえない。アメリカも日本も、そういう要求があったら、断固拒否しよう。東アジアの平和と安定のために、よいことはひとつもない。

北朝鮮の核兵器は、核拡散防止条約に違反して製造された、違法な核兵器である。そして、戦争の一環として鹵獲《ろかく》された相手国の兵器である。鹵獲した核兵器は、多国籍軍の支配下に移り、多国籍軍の自由処分権がある。国際原子力機関が検査し、破棄されるところまで見届けるのが正しい。

*

北朝鮮の核兵器やミサイルを開発、製造した科学者、技術者が大勢いる。彼らはどうなるか。

彼らは、北朝鮮の指導者に命じられて任務を果たしただけだから、刑事責任を問うのは適当でない。市民的自由を保証されるべきだ。

核兵器やミサイルを開発、製造した科学者、技術者は、職を失って失業してしまう。生活のため、別な冒険主義的国家にスカウトされて、核開発にたずさわる危険がある。そこで彼らが、そういった国家にスカウトされないように一人ひとりをモニターし、再就職の機会を用意して、アメリカや韓国で仕事に就けるように斡旋することが望ましい。

*

かつて核兵器をもっていて、のちに手放したのは、ウクライナであると先にのべた。北朝鮮がウクライナの二の舞になって、苦難の道を歩むことがあってはならない。

地政学的に言うと、北朝鮮は中国の引力圏にある。かつてアメリカが日本を自国の勢力圏に置いたように、ほっておくと、中国は北朝鮮に安全保障を提供し、自国の勢力圏に収めようとするのが自然である。そうすると、朝鮮半島の分断が続く。北朝鮮が多国籍軍に降伏するのを奇貨として、半島の統一を将来に見通すことができるような戦後処理を進めなければならない。

日米安保が再生する？

北朝鮮が解体して、核兵器がなくなると、日米安保の懸念がひとつ解消する。日米安保が機能しなくなるのは、アメリカ本土に北朝鮮の核ミサイルが撃ち込まれる可能性があるからだった。北朝鮮は向こう見ずな冒険主義の権威主義的独裁国家で、反撃を恐れずアメリカを攻撃するかもしれない。そのため、アメリカの核抑止力が効かないのだった。だから、アメリカの核の傘がほころんで、日本の安全保障も万全とは言えなくなった。中国やロシアの核兵器は、冷戦時代の相互確証破壊（ＭＡＤ）のメカニズムが効いているので、こうしたおそれは考えなくてすむ。ならば、北朝鮮の核兵器が除去されると、日米安保条約は再び機能し始めるのかもしれない。

これは、日本にとって朗報である。日米同盟をしっかり維持しておけば、それ以上、核武装の選択肢を考慮しなくてもすみそうだ。

＊

ところが、話はそう簡単ではないかもしれない。

朝鮮半島の情勢は、中国のポジションと直結する。中国は、習近平《しゅうきんぺい》が権威主義の度合いを強め、金正恩の道を歩んでいるようにみえる。金正恩が戦争を口にするのと同様に、台湾を統一すると呼号している。

台湾有事よりも朝鮮半島の戦争が先に起こった場合、中国にどういう変化が生まれるだろうか。

多国籍軍・対・中国

朝鮮半島で軍事衝突が起こると、北朝鮮・対・多国籍軍、の構図がはっきり現れる。多国籍軍とは、韓国＋アメリカ＋日本＋そのほかの西側諸国、である。

台湾有事のタイミングをはかっている中国は、朝鮮半島で軍事衝突が始まった場合、まず慎重に推移を見守るだろう。場合によっては、アメリカの注意が朝鮮半島に引きつけられた隙に、台湾に軍事侵攻する、という選択肢もありうる。とくに北朝鮮が、それなりに奮闘している場合である。

台湾有事が引き金になって、北朝鮮が軍事行動を起こすケースを、先に検討した。その逆のケースである。中国は、状勢がどうあっても台湾統一を実現させるべく準備を進めていて、朝鮮半島の第二戦線として戦端を切ろうと考えていない。とは言え、それを排除しているわけでもないだろう。台湾統一が優先課題で、台湾有事のきっかけは二の次だからである。

ところが、多国籍軍の連携がとてもスムースで、北朝鮮軍に効果的に対応しているいっぽう、北朝鮮軍の動きがにぶく、出鼻をくじかれ押し返されていて、ミサイルもあらかた撃墜されて効果をあげていないような場合、中国は、これは慎重に構えなければいけないと考え直す。戦術核ミサイルで脅しても、通常戦力で圧倒されてしまえば効果がないなあと。

＊

多国籍軍の連携が、東アジアの安定のカギである。

朝鮮半島の地上軍は当然、韓国軍が主体。日本の海軍力や空軍力は、朝鮮半島周辺や台湾周辺でも圧力になる。在日米軍基地を拠点とするアメリカ軍は、圧倒的な戦力を誇る。これがうまく連携してはたらくなら、中国も無視できない戦力になる。

朝鮮半島有事は、中国がこれを観察するチャンスになる。その結果次第で、台湾有事に自信をもつか、あるいはそもそも台湾侵攻の計画を練り直すか、慎重に判断することになるだろう。

多国籍軍の任務は重大だ。

多国間同盟の可能性

多国籍軍は、いざという場合にスムースに動けるように、ふだんから演習で連携を確認しておくものである。朝鮮半島周辺で繰り返される米韓軍事演習は、朝鮮半島でのさまざまな事態を想定していて、北朝鮮の神経をいら立たせてきた。日米韓合同の演習とか、フィリピン、オーストラリアなどを交えた演習とかは、中国に対してやはり一定の圧力になる。

*

この多国籍軍の連携を、多国間同盟に進化させることはできないか。ヨーロッパのNATOのように。

▲2024年3月、米韓軍事演習で砲撃する韓国軍の戦車
写真：EPA＝時事

ヨーロッパのNATOと、東アジアの多国籍軍との違いを、先に整理しておいた。NATOは、複数の核保有国を含む多くの国家の軍事同盟で、集団的安全保障を担っている。どの

国が攻撃されても、軍事同盟として自衛権を発動する。強力な仕組みだ。いっぽう東アジアの多国籍軍は、状況に応じてその都度つくられるもので、その基礎は、アメリカを扇のかなめとする二国間同盟の束である。核戦力をもっているのはアメリカだけ。そのほかの国々はばらばらで、集団安全保障のかたちをとっていない。互いを防衛する義務がない。

憲法と多国間同盟

多国間同盟がめざされなかった理由のひとつは、日本国憲法の制約である。日本国憲法は第九条で、交戦権を放棄し軍を置かない、と定めている。政府は、自衛権まで放棄したものではないとし、議会は自衛隊法を制定して自衛隊を置いた。また最近、政府は、集団的自衛権の行使もできるとした。集団的自衛権が行使できるなら、多国間同盟を結んでもよい、という意味になりそうである。

けれどもこれは、法理として無理がある。憲法は明文で「軍を置かない」と定めているから、自衛隊は軍でない。軍としての通常の権能（他国の防衛戦争を支援したり、他国と対等な軍事同盟を結んだり、……）が発揮できない、と解するべきである。いっぽう集団的自衛権の行使は政府見解。政府見解は、憲法を上書きすることはできない。

集団的自衛権は、国連憲章が定めている諸国家の権利で、国際社会の平和と秩序の基本である。

日本国が集団的自衛権を行使したいなら、憲法の改正が必要だ。そしてその改正は、第九条に「自衛隊」を書き込むという姑息なものであってはならない。「軍を置く」でなければならない。

＊

多国間同盟が台湾を守る

日本の憲法改正を待っていないで、東アジアに多国間同盟を形成することも選択肢である。とりあえず、アメリカ、韓国、オーストラリアあたりでスタートしてはどうか。フィリピンが前向きなら、フィリピンにも入ってもらおう。

多国間同盟は、さまざまなシナリオに合せて、東アジアを守るための軍事演習を日頃から行なっておく。自衛隊も、多国間同盟と連携して、演習に参加する。

韓国が、北朝鮮の脅威に対抗できる力量をもつためには、核レンタルも選択肢にもっているとよいかもしれない。韓国空軍がF35Aを運用しているなら、核レンタルは簡単だ。アメリカ軍が核ミサイルを装着したF35Aを韓国に飛行させ、核ミサイルを韓国軍機につけ替えればよい。

同じやり方で、アメリカが日本に核レンタルをすることも、技術的には可能である。

*

台湾を、多国間同盟と核レンタルで守ることができる。

台湾有事がいよいよ切迫した段階になったら、アメリカ、韓国、日本、オーストラリアは台湾を承認する。そしてその日のうちに、台湾は多国間同盟に加盟する。アメリカはただちに、台湾にF35Aを供与する。台湾空軍のパイロットにはかねて、F35Aの飛行訓練をみっちり実施してある。アメリカ軍が核ミサイルを装着したF35Aを台湾に飛行させれば、核レンタルは完了だ。

これはひとつの可能性であり、選択肢である。これが実現可能なのか、そして望ましいのかは、じっくり考えてみる必要がある。

平和のための努力

東アジアはいま世界で、もっとも不安定で軍事衝突の可能性の高い地域だと言われている。東アジアで軍事衝突が起これば、多くの軍人や民間人の命が失われ、悲惨な目に遭う人びとがうまれる。

東アジアで軍事衝突が起こったり、その危険が高まったりすれば、この地域の経済活動に大きな影響が及ぶ。日本経済もガタガタになって、経済成長とか賃上げとか福祉とか言っている場合ではなくなる。

*

平和は、ぼんやりしていては確保されない。平和は、各国の軍事バランスの上に保たれている。ふつうの人びとにいまできることは、平和を支える基礎について、すなわち、国際情勢やその軍事的側面について、理解を深めることだ。そして、非合理な思い込みによって世論を動かし、政府の判断を誤らせないことだ。

民主国家の世論は、多元的である。どんな意見があってもよい。けれども最低限のルールとして、平和を支えるメカニズムや国際常識に立脚した、現実的で合理的な意見であってほしい。そのうえで、意見と意見が互いを磨きあって、世論の次元が高まっていく。国会がそうした場であり、メディアがそうした場であり、世論がそうした場であることを切に望む。

あとがき

北朝鮮のできごとは「自分ごと」である。

北朝鮮は日本と国交がない。行き来も少ない。でも一世紀前、朝鮮半島の人びとの国籍は日本人だった。日本の敗戦でばらばらになり、以来、独自の道を歩んでいる。

朝鮮半島が南北に分断されているのも、元はと言えば、日本が原因なのだ。

北朝鮮は国際的に孤立し、独裁的な政権のもと、人びとは苦境にあえいでいる。そして核兵器を開発した。戦争の危険が迫っている。本書の分析するとおりだ。

日本はかつて、アメリカを相手に無謀な戦争をした。いまの北朝鮮は当時の日本と似たところがある。北朝鮮の人びとはなぜ、こう行動するしかないのか。北朝鮮の追い詰められた状況を、日本人は内側から理解できる可能性がある。

この国のことをいちから考えよう。そして、最悪の事態を防ぐため、自分たちは何ができるか考えよう。大急ぎで取り組むべき課題だ。

*

本書のきっかけをつくってくれたのは、ＳＢクリエイティブ編集部の小倉碧さんだ。小倉さんは『人間にとって教養とはなにか』（二〇二一）、『世界史の分岐点』（佐藤優氏との共著、二〇二二）の担当編集者。二〇二三年一一月に、新しい企画を考えてみませんかと連絡をくれた。打ち合わせているうちに、東アジアがきな臭くなってきた。北朝鮮のほうが切迫しているので、テーマを変えてもいいですかと逆提案した。そうしましょう。今度の担当は編集部の藤井翔太さん。タイトルも『火を吹く朝鮮半島』に決まり、二〇二四年五月に原稿を書き終わった。脚注を整えたり資料を確認したり、テキパキ作業を進めていただき、藤井さんと校閲のかたにはほんとうに感謝している。

日本は東アジアから動くわけには行かない。東アジアという地域が、平和で希望に満ちた場所になるよう、祈っている。

二〇二四年七月一〇日

橋爪大三郎

参考文献

井上智太郎　二〇二三『金正恩の核兵器』ちくま新書
磯崎敦仁・澤田克己　二〇二四『最新版　北朝鮮入門』東洋経済新報社
王　輝　二〇一三　橋爪大三郎・張静華監修、中路陽子訳『文化大革命の真実　天津大動乱』ミネルヴァ書房
小室直樹　一九八〇『ソビエト帝国の崩壊』光文社カッパ・ビジネス→二〇二二　光文社未来ライブラリー（文庫）
橋爪大三郎　二〇〇〇『こんなに困った北朝鮮』メタローグ
橋爪大三郎　二〇〇五『隣りのチャイナ』夏目書房
橋爪大三郎　二〇一六『戦争の社会学』光文社新書→二〇二三　光文社未来ライブラリー（文庫）
橋爪大三郎　二〇二〇『中国vsアメリカ』河出新書
橋爪大三郎　二〇二三『核戦争、どうする日本？』筑摩書房
橋爪大三郎・大澤真幸・宮台真司　二〇一三『おどろきの中国』講談社現代新書
橋爪大三郎・折木良一　二〇一八『日本人のための軍事学』角川新書
橋爪大三郎・大澤真幸　二〇一八『アメリカ』河出新書
A・V・トルクノフ、G・D・トロラヤ、I・V・ディヤチコフ　下斗米伸夫監訳、江口満訳　二〇二四『現代コリア、乱気流下の変容 2008-2023』作品社

著者略歴

橋爪大三郎（はしづめ・だいさぶろう）

1948年、神奈川県生まれ。社会学者。東京大学大学院社会学研究科博士課程単位取得退学。大学院大学至善館リベラルアーツセンター共同センター長、東京工業大学名誉教授。単著に『はじめての構造主義』（講談社現代新書）、『世界がわかる宗教社会学入門』（ちくま文庫）、『戦争の社会学』（光文社新書）、『人間にとって教養とはなにか』（SB新書）、『権力』（岩波書店）など、共著に『ふしぎなキリスト教』（大澤真幸との共著、講談社現代新書）、『おどろきの中国』（大澤真幸、宮台真司との共著、講談社現代新書）、『世界史の分岐点』（佐藤優との共著、SB新書）など著書多数。

SB新書　666

火《ひ》を吹《ふ》く朝《ちょう》鮮《せん》半《はん》島《とう》

2024年9月15日　初版第1刷発行

著　　者　橋爪大三郎《はしづめだいさぶろう》
発 行 者　出井貴完
発 行 所　SBクリエイティブ株式会社
〒105-0001 東京都港区虎ノ門2-2-1
装　　丁　杉山健太郎
本文デザイン
D T P
図版制作　株式会社ローヤル企画
校　　正　株式会社鷗来堂
印刷・製本　中央精版印刷株式会社

本書をお読みになったご意見・ご感想を下記URL、
または左記QRコードよりお寄せください。
https://isbn2.sbcr.jp/26822/

落丁本、乱丁本は小社営業部にてお取り替えいたします。定価はカバーに記載されております。
本書の内容に関するご質問等は、小社学芸書籍編集部まで必ず書面にて
ご連絡いただきますようお願いいたします。

ISBN 978-4-8156-2682-2